海上帝国的崛起

The Rise of the Dutch Kingdom

〔美〕亨德里克·威廉·房龙◎著

鞠长猛　黄敏学◎译

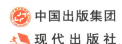

中国出版集团

现代出版社

图书在版编目（CIP）数据

海上帝国的崛起 / (美) 房龙著；鞠长猛，黄敏学译 . -- 北京：现代出版社，2016.3（2023.9 重印）
（房龙真知灼见系列）
ISBN 978-7-5143-4520-9

Ⅰ . ①海… Ⅱ . ①房… ②鞠… ③黄… Ⅲ . ①荷兰—历史—青少年读物 Ⅳ . ① K563.09–49

中国版本图书馆 CIP 数据核字 (2016) 第 024258 号

海上帝国的崛起

著　　者	（美）亨德里克·威廉·房龙	
译　　者	鞠长猛　黄敏学	
责任编辑	周显亮　哈曼	
出版发行	现代出版社	
地　　址	北京市安定门外安华里 504 号	
邮政编码	100011	
电　　话	010-64267325　010-64245264（传真）	
网　　址	www.1980xd.com	
电子信箱	xiandai@vip.sina.com	
印　　刷	永清县晔盛亚胶印有限公司	
开　　本	700mm×1000mm　1 / 16	
印　　张	10	
版　　次	2016 年 4 月第 1 版	
印　　次	2023 年 9 月第 5 次印刷	
书　　号	ISBN 978-7-5143-4520-9	
定　　价	58.00 元	

题 献

  这本小书讲述了我们的劲敌在19世纪初期掠夺我们的故事。遥想100年前，我们也曾用类似的方式掠夺了我们的近邻。

  我把这本书送给5位比利时军人，他们在威尔路斯附近对我有救命之恩。

  我希望这5位军人的孙辈能够见证自己民族的复兴，正像我们的祖国荷兰所经历的那样。

1914年圣诞夜于比利时

布鲁塞尔

对于那些不规范的语言、乡土方言、即兴的文法、语义重复、欠成熟的模仿，对于那些从垃圾著作中捡拾的只言片语、别人的牙慧、慌乱抛出的玩偶，对于那些缺乏艺术感、没有创新、没有判断、毫无才智、毫无学问、粗劣、无礼、捕风捉影、荒诞、傲慢、轻率、结构失当、杂乱、空洞、诽谤、懒惰、枯燥、干瘪之处，我深深地表示歉意（很多都是故意为之）。我对自己的评价比任何人对我的评价都要低。

正如一条奔腾的河流那样，时而激越，时而舒缓；时而流畅，时而曲折；时而深邃，时而浅显；时而浑浊，时而清澈；时而宽广，时而狭窄。我在写作时也效仿自然：根据主题要求和个人喜好，时而严谨，时而随意；时而滑稽，时而讥讽；时而详述，时而淡描。如果你屈就来读这本书，你更像是一个普通的旅行者，有时见到公正，有时发现污秽；有时心扉敞开，有时与世隔绝；此处贫瘠荒芜，别处欣欣向荣。

——伯顿：《剖析忧郁》

前言

在本书第一版付梓后，我才提笔写下这篇序言，并把它添加到书中。事情的梗概大体是这样的：

不久前，我收到了一本《荷兰史学》杂志，里面有篇文章激烈地批判了我的著作，说我傲慢无礼，在描写祖国不断走向衰落时，总是落井下石。很显然，这位作者根本没花时间来研读我的著作，也没费精力来领会我的想法。他说我傲慢无礼，大抵如此吧！因为我喜欢用辛辣的笔法来写书。不过，到底是祖国江河日下的史实，还是我那辛辣的笔法让他感到郁闷呢？

有的人不学无术却很自以为是，总爱对别人的著作指指点点。有的学者对此不屑一顾，也有的学者忍气吞声，不予理会。这恐怕都是一厢情愿的处理方式吧！如果一个人真的在乎自己的作品，就不该容忍别人的无端指责，就像不该容忍别人无端指责自己的孩子那样。可是现在，有人无端指责了我的作品，让我一时非常愤懑，我决定找熟人倾诉一下。今天一大早，我来到纽约，专程去拜会一个朋友。朋友在纽约市区有间办公室，可以俯瞰窗外的港湾。凭窗远眺，往来于伊利斯岛之间的渡船映入眼帘，它们仿佛穿梭于新旧两个世界之间。

我来得有些早了，只好等待片刻。朋友办公室的窗户开着，不停地驱散着让人窒息的热气。远处的海上，薄雾低垂；海鸥与灰色的天空相衬，不停地盘旋翻飞。突然，远处天际间出现了一个暗

3

影，缓缓地滑过海上的雾气。这时，从窗外传来了蒸汽机轮颤动嘶哑的汽笛低鸣，把我带回小时候的记忆中。那时，我在各种各样的轮船上聆听水声、风声和汽轮声，那真是一段令人终生难忘的美好时光。不一会儿，我便看清远处船上白绿相间的大烟囱，那是祖国的船向我们驶来。

目睹此情此景，不由使人心旌激荡，茅塞顿开。我随手用身边的打字机，凭窗写下了这一闪而过的灵感。

我们也曾是一个伟大的民族，只是其后日渐式微了。民族的衰弱是我们自己造成的，我们的劣根性也在那段时间暴露无遗。然而，时过境迁，一切又有了转机。如今，我们不再凭借三百年前的丰功伟绩来炫耀自己了，我们也更有底气地对外宣称：我们正傲立于世界优秀民族之林。

虽然我们曾经筚路蓝缕，但是今天我们终于又回来了，这才是问题的关键所在，也是一切问题之旨归。

在我接下来的论述中，如果你们还是要盲目拔高这段衰亡史，那么，你肯定会以为我在嘲笑自己的祖国。

然而，但凡研究过1795—1815年这段历史的人，都不会嫉恨我的言论，也不会为此而羞愧难当。只有谙熟这段历史，我们才能知道，当祖国需要我们当机立断的时候，我们却总是那么地懦怯，总在无助中彷徨，甚至对社会责任置若罔闻。只有直面复辟时代的历史，我们才能知道，我们是多么地寡廉鲜耻，我们今天依然津津乐道于在反抗西班牙暴政时多么大无畏。殊不知，在国王时代，我们却把这种精神抛到九霄云外去了。只有研究19世纪早期史，我们才能知道，在拿破仑战争爆发后，我们整整两代人都甘愿苟活在一个颓废的政府中，为了充当好好先生而受尽屈辱。同样，也只有对比百年前的历史与今天，我们才能知道，我们在荷兰这片土地上铸就了一个多么伟大的辉煌。现在，我手头上没有统计数据，无法计算出我们的船只总吨位和进出口的总数量，也无法证实在我们这个小国之外是否尚存世外桃源。我没有翻检过具体的资料，不能为了取悦读者，便信手写出我们国家有多少项发明创造，有多少传世佳作，有多少珍贵名画。我也不想细数东印度公司这个殖民帝国是如何让殖民先驱们发财致富，又是如何让整个民族不断发展，最终走向繁荣的。

不过，我迫不及待地告诉你：不管你走到世界的哪个角落，你都会发现，荷兰人已经再一次捡拾起以前那种高效高能、不懈求索的优良传统了。

如果你去荷兰人家里做客，你便会发现，他们仍然痴迷于探讨一些具有永恒价值的问题。其实，从古代开始，人们就在为解决这

5

些问题而殚精竭虑了。现在，荷兰人已经走在现代化的最前沿，他们还在试图构建"得"与"失"之间的关系，直至参与双方都能互惠互利为止。然后，你会发现他们又一起享受着新的生活，热情高涨地完成国家所赋予的使命。

　　这时，你便会明白我的良苦用心了。虽然1913年我们实现了令人自豪的目标，我们却不能自满，而要敢于反思1813年的往事。在历经了一个半世纪的衰落后，荷兰——这个在各方面都追求不朽的小国终于再度迎来了伟大的复兴。

1913年10月31日于纽约

目录

目录

 海上帝国的崛起

01 共和国的余晖

（1795年12月）

这是光辉的1795年。荷兰在历经了近百年的民族冲突之后，一代新人成长起来，伴随他们成长的是无休止的政治斗争。当然，所谓的政治斗争不过是些政治丑闻罢了。还好，这种吵闹的日子已经结束了。早在40多年前，也就是1745年前后，富于启蒙精神的中产阶级就开始为参政而斗争，荷兰也在这一时期从一个庞大的商业帝国分裂成许多独立的经济小邦。奥伦治家族的统治地位始终牢不可撼，纵使中产阶级的斗争在表面上符合道义，终归是束手无策。

唉，这些奥伦治家族的亲王，他们曾经领导人民缔造了这个国家，威名响彻这片土地。现在却高高在上，脱离群众，全然不顾自己应尽的责任，丧失了立国的基础。自封为改革家的爱国者党①，四处吹嘘自己是实干派，如今也是腐败不堪。他们聘了些头脑发热、不通世故、满脑子都是友邦教条的年轻人担任顾问，还把他们的意见奉为金科玉律。殊不知，伟大的友邦任用了一批政治掮客，正盘算着利用这些人的狂热来谋取个人

---

① "爱国者党"是作者房龙概括而成的"党"，实际的名称是"爱国主义者运动"。18世纪中期，在法国启蒙思想影响下，荷兰出现了激进的"爱国主义者运动"，他们要求扩大人民的权利，缩小荷兰共和国总督的权力，但于1787年受挫。"爱国主义者运动"先后举行三次起义，连海牙、阿姆斯特丹等城市人民也起来暴动，政府被迫修改宪法，大大限制了君主的权力，政权落入大资产阶级手中，基本上建立了荷兰现今的政治体制。

荷兰的标志

利益呢。爱国者党又一次赢得邦联议会选举的胜利，不是因为他们力量强大，仅仅是因为他们比政治对手强大一些。此时，共和国政府的行政机构运转不灵，就如同一座被遗忘在古代森林边的风车一样，再也无法适应时代的要求。

爱国者党不费吹灰之力就赢得了大选的胜利，于是，他们沾沾自喜地认为，动动嘴皮子就能万事大吉。后来，他们居然冒犯起世袭执政来。更有甚者，他们对执政的夫人，也就是普鲁士国王的妹妹，极为大不敬。就在十年前，他们也盲目自大，硬是把这个国家仅存的一点海军投入到对英国的战争中。战争双方力量对比悬殊，荷兰人可谓是孤注一掷，最后惨遭败绩。到了这个时候，也就是1787年，他们又天真地认为自己拥有西方列强中最强大的军事力量，结果普鲁士人没用一周的工夫，就直捣他们的老巢，让他们苦心拼凑起来的乌合之众立刻丢盔弃甲，逃之夭夭。威廉执政，曾经在他祖传的森林宫殿中对这个国家发号施令，现在，他又蠢蠢欲动，试图用笨拙的手指去解开这个腐朽政权中的团团乱麻，结果可想而知，迎接他的只有失败。实际上，旧政权早已病入膏肓、不可救药了，只有破旧立新才能把这个国家从混乱无序的状态中解救出来。然而到哪里去找寻破旧立新的人呢？他既要有足够的勇气，又要有坚忍不拔的意志，才能担负起这项历史重任。威廉执政显然已经力不从心，对他来说，与其去过问复杂的立法制度改革，还不如去欣赏欣赏士兵们军帽上的新帽徽。此时的大议长凡·德·卡佩伦已经年近七旬，现在同样也是冰山难靠，他热衷于营建自己的泽兰议会，而不是试图把这个濒临灭亡的国家挽救回来。当然，威廉执政的夫人，也就是普鲁士王国的公主，或许凭借着娘家的势力可以收拾残局。不过，她现在被视为叛徒头领、国家的荡妇，不仅毫无作为，就连她昔日异常热闹的会客大厅如今也是门庭冷落，无人问津。

吉斯波特·卡雷尔·冯·霍亨多普

不久之后，来了一个年轻人，他曾经在国外留学，是个善于审时度势、精于算计的年轻人。这个年轻人怀着为理想而献身的精神，为执政夫人出谋划策，但他最终也发现执政是个扶不起的阿斗。直到20年后，当他为了粉碎法国人的奴役枷锁，而用自己的毕生所学起草荷兰王国第一部宪法草案时，他的名字——吉斯波特·卡雷尔·冯·霍亨多普，才逐渐为世人所知晓。

在鹿特丹，有个人叫皮特·保罗斯。他现在是个即将入土的海军上将，过着波澜不惊的市民生活。他曾夸下海口，一定会在海军上将的职位上做出政绩来。可惜，受到条件的限制，他也没有拿出富有建设性意义的成果。于是他便终日埋首在各种账目与票证之中，努力寻找着从空虚的国库中支付海军军饷的良方。

一个有着150万人口的国度，一个独领欧洲风骚100多年的国度，难道没有人站出来，领导这个国家度过困境吗？如果有，那么，他在哪里呢？大多数荷兰人的思想还停留在共和国时代。殊不知，时代早已经发生了改变。荷兰人不甘心成为亡国奴，也不愿意和爱国者党、摄政们同流合污，他们宁愿待在家里韬光养晦，静待时机出现。有传言说，荷兰大约有4万人选择背井离乡，移居到海外，但实际数字应该不会超过3万。很多人都聚集在荷兰和比利时交界的小镇上，过着食不果腹的生活。他们向巴黎摇尾乞怜，也向英国请求支援，只要有人能伸出援助之手，他们会毫不犹豫地认贼作父。可是，援助总是遥遥无期，请愿也从来没有成功过，于是他们便寄居到声誉很好的政治俱乐部门下，欠债不还，一直把这个俱乐部吃到破产。之后，他们继续重复以前的要求，祈求人们捐出一点小钱，等待着复仇的机会到来，好让他们重新回到昔日温柔乡般的生活中。

海牙是昔日执政发号施令的地方，是一个耀武扬威的城市，现在正在做些什么呢？无所事事。

1789年，法国大革命爆发。消息很快传到荷兰，统治者心中暗自庆幸，多亏两年前取胜的不是爱国者党，而是普鲁士人。如果爱国者党阴谋得逞，荷兰必将面临一片骇人听闻的景象，也必将引发一系列更为严厉的政策出台。就在法国大革命爆发前后，荷兰的经济走向了衰退，大银行纷纷倒闭，甚至连西印度公司也风光不再，被迫解散，领地落到英国人手中。

两年后，法国对英国和荷兰宣战。荷兰人很不情愿地进行反抗，结果毫无胜绩，让法国兵不血刃地占领了一座座城池。这时，法国阵营中出现了争议，争议是由杜穆里埃投敌叛国引起的。这正好是拯救国家、不让士兵们白白送死的绝佳时刻。就在此时，法国重新部署了军队，执政的职务也被剥夺。1794—1795年，新一轮攻击席卷而来，置之死地的荷兰人，大约是模糊地意识到共和国似乎要灭亡了，于是开始垂死挣扎。可是，法国军队还是长

阿姆斯特丹

驱直入，冲进了"荷兰的金库"——阿姆斯特丹。

严冬来临，河流封冻。荷兰是个水网纵横的低地国家，冰封的河流为法国侵略者开辟出一条康庄大道。神奇的上帝能再度显灵吗？让冰雪迅速消融，让春风得意的侵略者陷入灾难性的大溃败中。这样的情形曾经屡次出现在反抗西班牙的起义中，又在1672年反抗法国侵略时再度出现，不过由于一名荷兰统帅怯懦疏忽，才让法国路易十四的大军没有全军覆灭①。

这是光辉的1795年，人们寄希望于奇迹再次出现。但是天助者自助，严寒仍在持续，两周以来气温从没有超过零摄氏度。就连马斯河和瓦尔河这两条终年不冻的大河，也结满了厚厚的冰，它们成为法军进攻的坦途。叛变把荷兰搅得四分五裂，疲于奔命的饥饿流民渴望回到家乡，把干净的亚麻床单铺到床上，安详地进入梦乡；用食物把橱柜装得满满的，饱餐一顿。可是眼前却到处都是衣衫褴褛的无套裤汉，疯狂地欢呼着迎接"新时代"的到来。

①当时法军长驱直入，埃塞尔河防线被攻破，于是荷兰统帅威廉·德·奥伦治下令打开穆伊登大坝闸门放水淹没瓦泰尔利尼洼地，迫法军退兵。——译注

威廉执政的小朝廷还算安稳，朝廷外围是一片片的芜菁花园，近卫部队把守其中，丝毫不敢懈怠。威廉却在朝廷里如坐针毡，思考着自己的未来。当他与爱国者党初次过招时，他就联想到英国查理一世，那颗被砍下来的头颅一直在他脑海里萦绕。如今历史又

鹿特丹马斯河上的溜冰者

重演了一次。两年前，他可怜的兄弟路易十六被巴黎革命群众送上断头台，从此巴黎一切都天翻地覆，波旁王朝迅速垮台，第三等级站了起来。

威廉执政生来就不是做大事的人，如果法军真的进攻海牙的话，那该怎么办？法军先头部队已经进攻到乌得勒支，其近卫轻骑兵只消一天工夫便能赶到荷兰首都。

早在三个月前，执政家的金银财宝和值钱的家当就已经秘密地转移到其他地方，如今正安放在德国不伦瑞克的城堡中。剩下的财产也都打好了包裹，时刻准备着装车外运。所有的往来账户都已经被冻结，剩余资金也都被认真地汇集到一起，为日后的流亡生活做准备。一切都安排妥当后，剩下的只有一个最关键的问题——从哪里走，往哪里逃？很显然，小朝廷里的人回答不了这个问题。共和国东部的省份还驻扎着大批英国援军，不过，如果他们要想与法军交火，就必须快速穿越海尔德兰和上艾瑟尔，然后插入德国境内，再挥师东进才能遇到法军。不过在如此严寒恶劣的条件下，友军也极有可能变成一群无组织无纪律的土匪，在他们所过之处烧杀抢掠。英军走后，法军也会接踵而来，海尔德兰附近的年轻人说不定还会自愿担任法军的向导，为他们引路。这些年轻的爱国者党人，自封为革命小将，他们会迅速引

领法军攻占豪斯登堡的工事，切断从荷兰通往德国的道路。

在北方，通往赫尔德的道路还是通畅的，集结在太克斯岛附近的舰队还派得上用场。不过，等威廉执政下定决心要北上的时候，一切都太迟了。法军突然包围了乌得勒支，然后迅速推进至阿姆斯特丹，切断了执政北上的道路。威廉只能从斯赫维宁根①乘船逃往英国。他乘坐的不是装备先进的维京大船，而是与之有天壤之别的小渔船。这样的船，自然不会配备好水手，再

军舰进驻阿姆斯特丹。

加上天气严寒，航行的危险系数非常大。在这样恶劣的环境下，有小渔船也算是不错了，大多数这样的小船都已经被征调到斯赫维宁根去了，这几只船是剩下来的。小渔船满载着执政家的财宝和6个愿意跟随主子流亡的家臣，离开了。一切都收场了，唯一的问题是该如何把这一切装点得体面一点。威廉执政对身边所发生的一切备感无奈，也只能自怨自艾，接受命运的安排

① 斯赫维宁根原来是个独立的市镇，现归海牙。1904年建成渔港，后来逐渐发展成为荷兰最大的海滨旅游胜地。——译注

了。执政的夫人——傲慢的普鲁士公主，索性摆出一副砍头不要紧的姿态，很藐视地审视着一切。

执政有两个儿子，一个叫威廉，后来当上了荷兰王国的国王；另一个叫弗德里克，四年后成为奥地利军队的头目，不过战死了。现在，威廉和弗德里克两兄弟还幻想着重新唤起群众的军事热情来守卫共和国的最后堡垒。然而面对着冻伤饿殍、兵败如山的一万多名残兵败将，英雄主义实在是天方夜谭。士兵们处在绝望和沮丧的边缘，他只能耸耸肩膀以示抗议："为什么要去白白送死呢？"骑士精神和爱国热情都已是一无是处。年迈的冯·德·卡佩伦是最后一任大议长，他还是竭尽全力，坚守岗位到最后一息。他夜以继日地工作，虚弱到被人抬到议政厅开会。就在这最后的关头，他仍旧日理万机，直到法军攻入海牙把他投进监狱。

到了1月17日，法军包围了乌得勒支，迅速攻下阿姆斯特丹，其先头部

法军在冰冻的荷兰河上穿梭而行。

队也已抵达海牙。这是阴冷的一天，人们忧心忡忡地聚集在执政的宫殿和议政厅门前，静观事态的发展。几天前，荷兰派了一个外交特使团前往巴黎，负责递交荷兰国防委员会的议和提案。不过，这些特使在巴黎附近遭到爱国者党人的骚扰，不仅没完成任务，甚至在很长一段时间内杳无音信。他们与法国联系的正常渠道被切断了，船舶无法在冰封的河流上行进，陆路显然太慢。荷兰方面热切地期盼着巴黎方面的消息，可消息却迟迟不来。17日匆匆就要过去了，还是没有任何消息。这天夜里，在摇曳昏暗的烛光下，荷兰人在议政厅里召开联省议会，商讨共和国的生死存亡大计。冯·德·卡佩伦被抬进会场，报告了当前急转直下的形势。之后，委员会成员关切地问他，以他高贵的德行来领导大家，是否有摆脱危难、拯救国家的希望。夜已经很深了，亲王的代理人也加入进来，他们继续进行深入的讨论，还是找不到什么好方法。除非上天垂怜，冰雪骤消；除非民众自发地组织起来，拿起武器，奔赴战场；除非上帝降临，亲自主持调停。不然，荷兰必将沦陷。

天又亮了，严寒仍在持续，巴黎方面还是没有半点消息，恐怖气氛笼罩着议政厅。性急之下，他们派出两个使者向东去找侵略军的司令，准备不惜一切代价换取和平。法国刚开始袭击共和国时，政府便昭告国民说，这场战争旨在推翻执政的专制统治，而不是吞并这个国家。如果这是问题的症结之所在，那么就有理由相信，他们亲自废黜执政将会帮助荷兰逃过一劫。因此，他们在投降协定中对执政只字不提。而对于不愿舍生取义的威廉执政来说，他也很乐意宣称，他"不想因为自己的缘故而给整个国家带来不幸，不愿引起持续的纷争，而是选择放弃一切，远走高飞"。在他写给联省议会的信中，他还解释了他绝尘而去的原因，他要远离故土，将余生托付给仁慈的基督。

就在星期六和星期日之间的那一夜，也就是1795年1月17日和18日之间的那一夜，持续了一周的狂暴西风逐渐平息下来，寒冷的东风让他们有了逃

商人

往英国的机会。18日清晨，威廉·明娜公主带着儿媳和2岁大的孙子，准备乘船外逃。在她住的宫殿里，有一间会客大厅是专门为了迎娶她而装饰的。现在，公主却要告别所剩无几的密友，匆匆离开这里。很多人早已经逃走了，其余的人没有逃，是害怕近在咫尺的法军而不敢出门，宁愿待在家里避难。公主在向众人挥手道别。门外也聚集了一群人，有头发灰白的商人，他仍然对公主的慷慨施舍怀有深切的敬意；也有普通民众，在他们的脑海中，奥伦治家族只不过是一个简单的政治符号而已；还有爱国者党人，他们希望亲眼看一看这个傲慢贵妇的最后下场。不同的人怀着不一样的心情站在宫殿门口，一切尽在不言中。两个妇人和一个幼儿在几个仆从的簇拥下去往斯海弗宁恩。他们没有片刻迟疑就迅速登上船，上午9点，在一片肃杀的冬日中，扬帆去往英国，并在次日下午结束了这段悲惨的旅程。

上午11点，威廉执政接到了公主安然离去的消息。他像他的祖先一样，曾经苦心经营着这座宫殿，如今宫殿已经是人去楼空。在宫殿外面，哨兵只是出于习惯，仍然坚守岗位，四处逡巡，向匆匆撤离的各国使臣挥手致意。对威廉执政仍旧心存感激的议员们，来到宫里向执政握手告别。

可怜的威廉执政是个志大才疏的无辜受难者，他在离别的最后一幕中，几乎成了催人泪下的悲剧人物。他想发表几句告别感言，却很快就泣不成声，一个泪流满面的侍臣接过文稿，读完了最后几段。

下午1点半，马车缓缓开动，执政踏上了最后的征程。此时此刻，全城万人空巷，如庆贺盛大节日般簇拥着马车驶向斯海弗宁恩。

这列长长的车队却像送葬般缓缓地前行，驶过那条著名的大街。这条街可谓饱经岁月的沧桑，而今道旁站满了好奇的群众，他们默默地注视着车队远去，心中暗暗地盘问接下来会有什么事情发生。在斯海弗宁恩的岸边也挤满了黑压压的人群，到处都飘荡着一种不祥的静默，似乎预示着一场大的灾难即将来临。下午2点，离别的时刻终于到了。在年轻的达姆施塔特-黑森公爵、4个等候在一旁的绅士以及私人医生的陪护下，执政登上旗舰，其余的随行人员带着大大小小的行李卷、背包、衣箱等登上其他20多条小船，场面一片嘈杂混乱，十分不雅观。现在就灰溜溜地拔锚起航，未免留给人们太多的笑柄。执政迟迟没有下达起航的号令，他仍然在苦苦等待来自法国方面的消息，尽管他知道希望渺茫。大约下午4点半，一名联省议会外交委员会的秘密委员飞驰而来，带来了法方确凿的情报，宣称执政必须立即离境，否则绝不休战。

当地渔民对眼前的危险处境心知肚明，他们认为在这里多耗一分钟就多一分危险。随时可能有满载法军的军舰从鹿特丹起航前来截击。再者，海里的浮冰也越来越多，轻拂的微风随时会变成狂暴的大风，席卷着浮冰冲向岸边。他们奉劝执政一刻也不要犹豫，赶快开船起航。

威廉执政迫于无奈，只好在摇摆不定的破船上，用软弱无力的手签署了最后一道命令，这道命令读起来就像一个不高兴的小孩儿在寻找开脱的借口。他在给大议长的信中写道："既然法国不肯休战，既然也不能去荷兰的

威廉五世逃亡海外。

其他港口，我也不能永远留在海上漫无目的地游荡。"最后大家决定逃往英国普利茅斯，在那里"还有一批荷兰勇士，而且，从那里回到荷兰或者海牙也挺方便"。一直拖到现在他们才想出普利茅斯这个栖身之所。

下午5点，载着执政的船终于扬帆远航。午夜时分，执政来到茫茫北海中央，远离了一切危险。次日清晨，又冷又饿的他终于在英国北海港口哈维奇上岸。上岸后，渔民们都得到了赏赐，各条船的船长都得到了350荷兰盾。威廉执政在祝他们好运之后便直奔雅茅斯，去与他的夫人团聚。这也是他最后一次见到这么多的荷兰国民了，在以后的岁月里，他只能见到几个像他一样亡命天涯的荷兰人。威廉起初把小朝廷设在英国汉普郡，后来又迁到德国不伦瑞克。大多流亡者来找执政，无非是想向他索要帮助，可是威廉根本无法提供这些帮助。

威廉五世，尼德兰联省共和国最后的执政，在他47岁那年黯然离去。作为一个悲情人物，他实在是眼高手低、生不逢时，本想将国家治理得井井有条，却以亡国的结果收场。由于个人能力所限，再加上局势复杂多变，他处处碰壁。他在一个德意志三等公国里过着与世无争的生活，平静地走向生命的终点。在他的葬礼上，他得到了生前从来没有听到过的高度评价和赞誉，不过他至死再也没有踏上过祖国的土地。

威廉是奥伦治家族中唯一客死他乡之人。

02 革命

　　革命不期而至。

　　威廉执政在北海的波涛中漂荡，没了执政的共和国却仍然保留了旧政权的上层建筑，仿佛在踩着高跷疯狂而滑稽地跳舞。高跷上面是一顶装饰着三个飘带的帽子，高跷下面是一个木板，上面写着"自由、博爱、平等"。法国士兵在庆功宴上敲锣打鼓地演奏《马赛曲》，这不是免费的音乐会，不久之后，荷兰每年却要为此付出4000万荷兰盾的演出费。此外，荷兰还要郁闷地跟着法国，在每次征战中为虎作伥。

　　用今天的眼光来看，赤诚和诚挚是1795年革命最大的缺陷。粗具现代思想的荷兰人向希望天路挺进的时候，他们对未来的情景一无所知，只是固执地坚信一切都会好起来。爱国者党更是傻得可爱，他们总是盲目乐观。1796年初，爱国者党把衣衫褴褛的法国无套裤汉看成自己的后援，热烈欢迎他们的到来，还把全荷兰最好的客房留给了他们，让他们长期免费居住。真正的黄金时代到来了吗？绝对没有。当我们的普通民众也能掌握一点社会学知识的时候，当我们能够反省自我的时候，当我们能够认识"同胞兄弟"很邪恶的时候，我们才能摆脱以前不好的习惯，用新的、更好的方式来处理问题。要知道，狂欢和无私是建立在雄厚的物质基础上的，可惜，人们都不知道，也从来不关心这些。他们只追求理想的圣火在胸中燃烧，就觉得很满足了。

　　威廉执政在北海的波涛中漂荡，没了执政的共和国却仍然保留了旧政权的上层建筑，仿佛在踩着高跷疯狂而滑稽地跳舞。高跷上面是一顶装饰着三个飘带的帽子，高跷下面是一个木板，上面写着"自由、博爱、平等"。

我不再浪费笔墨来描述一些思想问题了，这世界总是由于各种琐事而喧嚣不已，人们尝试着各种方法来解决问题，可是厄运总是不期而至。

其实，热情和真诚等这类东西解决不了问题。军乐队的音乐填不饱肚子，到头来，还得靠面包师烤出来的面包充饥。在我看来，荷兰的一切旧秩序都被打破了，可是，没有规矩，不成方圆，现在荷兰应该遵循什么样的规矩呢？

我们前面提到了，法国不是向联省制度发动战争，而是向荷兰的旧思想发动战争。现在，旧思想已经荡然无存，联邦却还一息尚存。那些想拯救贵族的人，是不是觉得后者更重要呢？我们不需要现在就回答这个问题。如果法国士兵占领了这个国家，就会成为这个国家的主人，他们会把共和国看成是被征服的土地。将来，还有很多国家遭受这样的屈辱，谁也不想成为下一个受害者。因此，对于荷兰人来说，该出手时就出手，但该如何出手呢？

海牙是旧政权的最后核心，联省议会成员大多还住在这里。他们漫无目的地注视着法国的政策走向，对未来不抱任何希望。这些议员也只能等着，一直等到前去求和的人被法国鄙视一番，带着耻辱返回来。他们还顺便说一说，法国的将军是如何傲慢无礼、崇尚革命，士兵们是如何衣衫褴褛、作恶多端，这帮人正住在荷兰这片膏腴之地上，是绝对不会听从联省议会摆布的。

管理、开会、讨论、选举……这些实际工作都不需要议员们来做了，他们可以再领导这个谦卑的内阁一年。一年后，一个闻所未闻的机构会接管所有的行政管理权，这个机构就是阿姆斯特丹革命委员会。

阿姆斯特丹革命委员会究竟是个什么东西？它是什么时候出现的？有什么动机？这个委员会远比它的名字温柔得多。在委员会里，人们都没有革命派头，既不留胡须，也从不蓬头垢面，他们衣冠齐整，都用自然头发取代了假发。以前，改革派人士个个衣着邋遢，在这里他们是不受欢迎的。自封的革命小将们也都成了守法公民，定期去理发，这倒给理发师们提供了发财的机会。不过，他们还是迷信周六晚上才能理发的古老原则。小将们和真正的法国革命没有什么联系，不过两者都坚信自由、平等、博爱三位一体，只是他们对"平等"不太重视罢了。

革命委员会也不会永远这样。在这个关键时刻，革命委员会还保留了贵族气质，他的成员主要是些德高望重的市民和最有名望的家族成员。他们加入委员会的目的不是为了博得名声，而是因为别人都不想加入进来，只能由他们出面。到了后来，战果辉煌的军事领袖入住这个政权，成了真正的主人。

现在，我们考察一下这个委员会究竟是干什么的，新旧政权是如何更替的。其实，这是件非常简单的事情。如果让一个现代的记者来报道，大概用不了2000字就能叙述出整个事件的来龙去脉。

1月16日，星期五，法国军队占领了乌得勒支。有一个名叫威兹·路易斯的人在办公室里写了一篇题为《向人民的呼吁》的文章，他是个业余作家，同时又是一个业余诗人、不入流的律师，还是爱国者党秘密俱乐部的成员。在这篇文章中，他呼吁人民"摆脱专制的枷锁，来实现自我解放"。文章在17日早上发表后，一时间广为流传，很多唯恐天下不乱的人竞相传阅。当天下午，便一时间洛阳纸贵。达恩德斯将军，在当时是一个巴达维亚流放者营的指挥官，他在向阿姆斯特丹进军时，刚好路过一个名叫莱尔丹的小村庄，在村子中发现了一个小印刷厂。达恩德斯为分一杯羹，立即仿造了一篇新的《向人民的呼吁》。印刷完成后，他们只要赶两小时的路，就可以把这些传单送到阿姆斯特丹，并借此点燃全市的革命火焰。其中有份传单是这样写的："巴达维亚代表法国人民，要求荷兰立刻从奴隶制度中解放出来。他们不想以占领者的身份来到这里，也不希望把'交付券'强加给旧的尼德兰共和国，当然这是其他被占领国家必须接受的（这是一个骗局，这种纸可以当钱用，也可以在联盟国家之间流通）。他们是因为热爱自由、平等、博爱才来到这里孤军奋战的，所以迫切希望能与共和国友好共存、结成联盟——在联盟中享有充分的独立自主。"当阿姆斯特丹革命委员会意识到这两篇文章，特别是第二篇会造成混乱后，便立刻决定采取必要措施予以回击。实际上，委员会的首脑人物也受到了震动，次日上午9点，在他们中间也开始传播"革命"将会发生的流言。不过，在这些流言产生之前，还有很多小插曲，让我们一一进行说明：

17日上午，一个老朋友造访了达恩德斯将军，他的名字叫克雷恩霍夫医生。他有着非常传奇的经历，这样的经历恐怕只有在传奇的18世纪才会发生。他本来是想学法学的，后来不知不觉地学上了医学，还

达恩德斯

发现了一种叫作电流的新玩意儿，并以电流学家的身份而声名鹊起。他凭借着开设通俗易懂的电流学和自然科学讲座的机会，又开始了政治生涯，并轻而易举地成为爱国者党改革派的领军人物。他的管理才能得到了认可，不久就成为整个爱国者党的领袖人物。他是一个彬彬有礼的人，从来不逞匹夫之勇。在革命期间，贯通科学、政治学和军事学的人似乎命中注定要承担领袖的角色。达恩德斯流亡海外长达8年之久，非常渴望与消息灵通的人士进

行交流，以便预测克雷恩霍夫在阿姆斯特丹发动革命有几成胜算。现在，这两个老朋友终于坐到一起，他们促膝长谈，共谋大计。克雷恩霍夫表示，他会带着达恩德斯的文书返回阿姆斯特丹市政府，看看能为发动革命做些什么。市政府是由权力较小的人组成的，这些人不足为虑，只要给他们一点压力和威胁就会逼他们就范。只是，有个地方阻碍达恩德斯直接向首都进军，那就是横亘在纽艾斯路易斯的防御工事。这个地方仍然在旧政府军的手中，而且易守难攻，很容易阻碍军队前进。不过，这里的指

克雷恩霍夫

挥官是一个惯于见风使舵的人。当克雷恩霍夫北上时，就曾经过这个要塞，指挥官出来拜会了他。这名指挥官不但直言他非常希望放弃这个要塞，甚至还亲切地向他提供了几个吹号兵，以显示他们为远征阿姆斯特丹所尽的绵薄之力。

因此，次日清晨，克雷恩霍夫和这几个吹号兵就在阿姆斯特丹的城墙边出现了。他们以法裔巴达维亚将军达恩德斯的名义向贵族、市长及市议员递交了一份哀美的敦促书。这份通牒非常严肃地许诺将不会屠城，不会烧杀劫掠，不会侵害人民。同时，也非常明确地要求这里必须马上开始革命活动。这里的一切都会庄严地按秩序进行，革命也不例外。

递交通牒一事，是爱国者俱乐部首次公开出现的标志。接着，爱国者党的6位最重要的领导人一起出动，在罗格斯·简·希默尔彭宁克的带领下，化装成普通市民悄悄地走进了市政厅。在市政厅里，他们以人民的名义要求议员将政权转移到他们手中。为了安抚受到惊吓的议员，他们保证会充分尊重这里的民众，并再次强调他们不会采取任何形式的暴力手段，除非市政府先号召民兵来镇压他们。

希默尔彭宁克

市政厅的绅士们则向爱国者党保证，他们也不会轻易诉诸暴力，只把暴力当成处理问题的最后手段。于是，革命委员会交出了政权。这一切来得太突然了，如果革命委员会成员在那天晚上9点就回到市政厅参观的话，他们便会发现，爱国者党已经把一切都安排妥当了。实际上，直到晚上9点半，革命委员会才重新回到市政厅，他们发现一切都和预想的一样。克雷恩霍夫当上了军队指挥官，他登上市政厅门前的露台，后面跟着一个士兵为他打着火把。借着火光，克雷恩霍夫向聚集在露台下面的民众宣读了一个正式的公告，宣布革命已经发生了，明天早上还要举行正式的政权交接仪式。随后，民众们小心翼翼地庆祝了一番，然后各回各家去了。不过，革命委员会马不停蹄地进行了一夜的准备活动，他们到当地著名的樱桃树旅馆起草了很多文件。没用多久，纸墨就铺满了桌子，写好的公告也随着轻风飞舞。几个小时以前，该来的人都已经来了，可是唯独缺了他们的好朋友达恩德斯将军。那天下午，达恩德斯和几个法国轻骑兵一起到外面巡查，他们发现阿姆斯特丹的城门大开，也没人把守，于是一时窃喜，终于有机会享受一下了。他们便走进市里，想找一家最好的旅馆蒙头大睡一觉。经过四处探寻，他们竟然直接来到了樱桃树旅馆，真是太巧了！几个轻骑兵到旅馆里休息去了，达恩德斯则应别人之邀，点上一管烟，亲自参与到革命的筹备活动中。

第二天一大早，空气清新，法军士兵组成了仪仗队，提前几个小时便准备完毕了，他们要迎接这个城市真正的统治者——平民。新教堂的大钟鸣响了10下，阿姆斯特丹人民代表走进了这座著名的大厅，在特别会议室里见到了市政府官员。双方都非常和气，爱国者党在这里受到了最高的礼遇。在爱国者党看来，他们扮演了监督员的角色，虽然这一角色不可或缺，可是他们并不适合这一任务。于是，他们一遍遍不厌其烦地向市议会强调，他们不会伤害任何人。然而，在昨晚"巴达维亚人民重新行使他们在古代时享有过的统治权"，旧政权的使命被自动终结，权力重新回到普通公民阶层中。在几个世纪之前，他们的祖先也用同样的手段获取了政权。市长和市议员都无法螳臂当车，他们改变不了历史再度重演。他们收拾起文件，礼貌地鞠了一躬，然后作鸟兽散。聚集在市政厅前空地上的民众，甚至没有注意到他们的离去。从此之后，只有那些对历史好奇的人才会对"摄政"感兴趣。一个新时代到来了，新政权是由最底层的民众通过自上而下的选拔方式产生的。另一个公告随着新政权的诞生，也同时公布了出来。在这个崭新的时代，新政权在市政厅的阳台上向下面的民众诵读了第一个正式文件："自由、平等、博爱，巴达维亚的同胞们：旧秩序的一切就此终结，新秩序将在阿姆斯特丹临时人民代表会议的领导下开始（随后，宣读了一份由21人组成的领导人名单），巴达维亚共和国的人民，我们愿听取你们的意见！"

　　群众就像政治游乐场中的耐心看客，总要被问到他们有什么意见。这21位高官都上任后，便在市议员的席位就座，准备讨论接下来几天的秩序问题。这些座位上都铺着绿色的坐垫，很漂亮，不过高官们对它们还很陌生。以前的国民，现在立刻就变成了公民。刚才聚在街道上的人回到家中，告诉他们的家人：刚才爆发了革命。巴达维亚获得自由的当年1月20日，阿姆斯特丹全市都摆脱了专制制度的束缚，人民从此自由了。到了10点，宵禁铃声响起，所有公民都回家静享安眠去了。

03 革命的代价

我们编写的这出短小历史喜歌剧有很多"中心思想"。所有敢于发动革命的人，都是外国制造，然后进口到荷兰来的，他们共同演奏了一首颇具荷兰风格的曲目。等所有演奏者都到齐，组成一支庞大的管弦乐队的时候，曲目中便会夹杂着好战的军号声和隆隆的炮火声。这样的曲目，就连从前的执政"拿骚的威廉"也听不了很长时间，何况别的人呢。

由于新政府还在忙着征集各种意见，所以我们现在只是听到了不和谐的喃喃声和粗鲁的巴黎口音。不过，很快我们就会听到一首高亢悦耳的曲子，那就是《马赛曲》，它很快就会响彻荷兰纳税人的心中。接下来的20年中，不论我们自己的音乐多么动听，只要一听到这首亢奋人心的《马赛曲》，歌剧里所有的坏人就会蜂拥上台、横征暴敛，他们公平得如告罄般让人感动，不管是富人还是穷人，他们一个都不会放过。

1月18日，星期日，执政离开荷兰。1月19日，星期一，阿姆斯特丹人民临时议会在市政厅门前露台上向民众鞠躬致意。

就在同一天，法国正式承认了巴达维亚共和国。21日，星期三，阿姆斯特丹召集其他14个自由市的代表前来，共同商议建立巴达维亚共和国新政府的问题。是日，法兰西共和国的代表便在执政的王宫里拿出一个干瘪的钱袋，要求荷兰立即给付一笔足够法军6年开销的军费。

政府对此犹豫不决。法国索要的资助太多了。"这不是白给，"法国代表说，"你们必须按照我们的要求去做。我们的军队正从巴黎赶过来，帮你们推翻可怕的专制制度。你们要出钱，不能让我们白白送死。"法国当然不会白白送死，他们盘剥荷兰的时代就要到来了。

1月26日，来自荷兰不同城市的临时议会代表在海牙举行会晤。代表们说，希望能够在海牙的议会大厅里举行会晤，以便更好地达成共识。于是，旧议员从议会大厅里了搬出去，新代表组成了一个临时立法和执行机构，叫什么"荷兰人民临时议会"。

法国早已把自己的亲信安排到会晤地点了，现在正住在议会的侧厅里，他们还要求荷兰官方同意他们住在那里，这个要求很快就在会议上获得了批准。随后，新议会开始进行实质性工作。皮耶特·保罗被选举为议会议长，他是我们在鹿特丹海军部里的老朋友了，议长这个职务非他莫属。他首先为新议会致开幕词，在致辞中，他谈到很多内容，几乎触及到了革命竖琴上的每一根琴弦——和平、安宁、安全、平等、保险、公正、人道和公平。这是几个基本原则，他们会在这些原则的基础上建立公民权益的神庙。随后，临时议会迅速废除了执政、大议长和联省议员等职务，废除了以前荷兰民众对执政的效忠宣誓，召回一些为了和平使命而在法国游说的人。会议最后郑重宣布尊重人的权利，承诺立即召开国民大会。其他的省份也纷纷效

皮耶特·保罗

仿荷兰。不到两周的时间，整个国家都废除了旧社会等级制度，建立起新的统治秩序。当新的国家机器忙着废除旧共和国的残余时，他工作得很出色，但是当最后一个残余被清理掉之后，就有不同的情况要发生了。

执政逃走3周之后，联省议会（为了方便，这个名字被保留下来）的临时代表在海牙会晤。他们同意将人权作为一项道德准则，肯定各省临时议会已经废除的旧制度，并在全国范围内推行这些措施。临时议会将原来的5个海军上将整合成一个海军部，将原来的国务会议改成联盟事务委员会，简称为委员会，并规定该委员会负责筹备召开国民大会和制定宪法的具体事宜。

接下来，各方观点争论异常。现在不像以前了，公民们的意见很不统一，根本无法达成一致意见。虽然新共和国的临时代表能够很方便地聚到一起，也能提出各种治国方略，可是，他们提出的方略能很快得到落实吗？可怜的巴达维亚共和国，在临时代表激情演讲的时候，当人民渴望取消头衔、门第、纹章、各种假发和短裤的时候，当巴达维亚共和国举国都对法国亲兄弟般的感情感到厌烦的时候，这个巴黎好兄弟却只是冷酷地打着自己的小算盘，盘算着如何在不至于让荷兰崩溃的情况下，从共和国那里拿走更多财产。

由于法国正处在用钱之际，法国的国民议会也别无选择。法国当局派出两名最好的财政专家去了荷兰，对荷兰的所有资产进行直接、深入的调查，以便弄明白荷兰财政收入和支出之间的关系，从而评估这个阔绰的国家到底能流失多少血液还屹立不倒。这两位专家分别是拉麦尔和克琛，他们2月7日来到荷兰。经过不到2周的调查，他们就写好了报告。他们相当明白这项工作的意义，他们对法国国民议会传递的信息大意是："不能杀鸡取卵"，"如果让荷兰的商业合理发展，我们每年都会从荷兰拿走一大笔钱，并且会拿很多年。现在我们要对这个国家施以仁政。几个月前，荷兰共和国时期的很多财产已经转移到国外去了，特别是汉堡和伦敦两座城市。只要荷兰重拾信心，他们就会重新富裕起来，收入也会多起来，红利也会多起来。到那个时候，法国再进入荷兰，无论拿走多少，荷兰都能负担得起。"

这是两位专家的主要意见，但是并没有获得法国外交部门的认可。当时，掌管法国外交政策的官员号称三巨头，他们不懂经济，只关注法国庞大的军费开支及其造成的财政压力，这支法国军队正在为了博爱、和平的事业而浴血奋战。意大利战场需要钱，德国战场也需要钱，法兰西共和国必须源源不断地把这些钱拨给他们。皮耶特·保罗及其临时议会现在也面临着困境，他们大约有1亿荷兰盾的贷款需要在3个月以内以现金形式付清，还要额外支付3%的利息。另外，还有一笔相同数额的贷款，是由荷兰银行在前年贷给他们的，现在也快要到期了。值得一提的是，荷兰南部的一大片地区还被法国强行占领着，以便为法国的军事行动提供便利。

荷兰临时政府刚刚满月，不过他们还是展现出许多破旧立新的政治才能。现在，25000名食不果腹的法国士兵正在荷兰的各大城市中驻扎着，蛮横地索要200万荷兰盾的零用钱，还想要几百平方英里的土地。共和国讨论来讨论去，最后决定把他们的殖民地贸易向法国开放，同时答应与法国进行共同攻守谈判，改编共和国的舰队用以对抗英国。不过，他们只许诺给法国军队100万荷兰盾，多了不给。

共和国不能在对法关系上走极端，否则，就等于否定了法国刚刚获得的一点影响力。

"你们继续吧，"巴黎方面说，"最好能摆脱我们的保护。到那时，我们就撤回我们的军队。普鲁士一定会来扶植小执政上台，他们在1787年也是这么做的。我们临撤兵时，会把能抢走的一切都抢光，只给普鲁士轻骑兵留个烂摊子。你们摆脱我们的保护吧，看看你们的巴达维亚共和国

　　法兰西共和国的代表便在执政的王宫里拿出一个干瘪的钱袋，要求荷兰立即给付一笔足够法军6年开销的军费。荷兰，就像是一个由舰队防卫的账房。

会怎么样。"

临时政府承认上述情况有可能发生，也非常害怕执政复辟，因而要求法国多给他们点时间来讨论这件事。他们最后决定支付法国6000万荷兰盾，并且同意放弃一大片领土。巴黎方面并不满足，"给我们1亿盾现金和1亿盾贷款，"巴黎方面说，"一分钱也不能少。"

皮耶特·保罗在努力地工作着（如果他没有英年早逝就好了），他真挚地希望法国不要凌辱荷兰。这时，就像保罗曾经说过的那样："法国不仅仅是在提变态的要求。他们不是我们真正的朋友，用征服者这个词来形容他们正好。"皮耶特·保罗很英勇地站了出来，他也不是在孤军奋战，很多人在支持他。经过不懈地努力，法国终于同意对协议进行小的修改，要求1亿荷兰盾的现金。荷兰最终还是给了法国人1亿荷兰盾现金。

1796年5月16日，法国和巴达维亚共和国签订了《海牙条约》。法国保证巴达维亚共和国拥有独立自主的地位，同时保证会废除执政制；等到欧洲实现普遍和平的时候，两国之间应该签订一个主要针对英国的攻守同盟条约；法国边防军可以驻扎在弗拉辛地区；荷兰佛兰德斯地区的几个小城市割给法国；荷兰殖民地必须向法国开放；荷兰必须提供一笔资金，足够装备并维持一支25000人的法国军队；荷兰必须立即向法国支付5000万荷兰盾的现金，其余的5000万荷兰盾应该以合理的利率借给法国。

巴达维亚共和国现在可以让收支平衡一点。结果是这样的：

贷方：废除执政和建立一个自由的共和国，法国向荷兰输入236.5万荷兰盾面值的纸币。借方：当场支付5000万荷兰盾现金，未来以期票形式再支付5000万荷兰盾，法国再征用4000万荷兰盾，荷兰丢失5000万荷兰盾的英国股息，荷兰丧失殖民地、损失贸易收入，总收入——证明完毕。

04 临时政府

　　荷兰人民临时议会，也叫尼德兰人民临时议会，是荷兰9省的临时议会（因为一些共同原则在各省中都有所体现）。在临时革命中，他们建立了临时市政当局和临时委员会——这些名字都表明当前的事业具有十足的临时性。

　　最为奇怪的是（现代人并不知道），临时政府比随后出现的正式政府更加高效。临时政府有一个很大的优点：迫切的形式要求他们立即行动起来，他们没有机会进行闲扯。专业演说者和铁齿铜牙的雄辩家纵然可以纵横捭阖，不过在当下，临时政府只会重用拥有真才实学的人，也会重用像爱国者党人那样勇于承担责任的人。

　　从皮耶特·保罗的实际行动看，他的思维介于官方和非官方之间。他留在海牙维持着临时政府，与此同时，希默尔彭宁克留在阿姆斯特丹，保证这个号称"民主发电机"的城市能够流畅的运转。这两个领袖都有自己的难处，难处并非来自外国军队，而是来自荷兰内部。奥伦治家族的年轻亲王正在密谋一项掠夺计划，他们已经招募了一批匪军来侵略荷兰。在荷兰，领取半薪的前政府公务人员很快就投奔过去了。然而，很少有士兵愿意用他们的生命作为赌注，冒险投奔到一项日落西山的事业中。于是，他们只招募到2名士兵，而公务人员又都没有指挥军队的能力。因此，这项计划最终以失败告终。从长远来看，奥伦治亲王主张自己权力的时代已经一去不复返了。

临时政府可以说是一头怪物。政府中的温和派与爱国者党中的激进派称兄道弟。他们都是好心人，为了事业而在国外苦苦探寻了好多年。一旦时机出现，他们就毫不犹豫地回到这个生养他们的大家庭，为摧毁旧制度而献计献策。可是，现在他们却为了弥补自己在8年前的损失而漫天要价。他们没有慷慨地迎接新希望，而是在各个方面都表现得异常傲慢。在金钱问题上，他们的傲慢态度达到了登峰造极的程度。巴达维亚政府付给他们每人25荷兰盾（从巴黎到阿姆斯特丹的路费钱），要求他们不要再滋事了。这些职业流浪者便立刻咆哮起来，他们立刻来到附近的一家咖啡店里，组成了一些小俱乐部，然后静观形式变化，看有没有背离革命真谛的情况出现。他们还扬言，只要动用断头台，就能在很短的时间内治理好扬扬自得、忘恩负义的荷兰社会。

他们只是信口胡说。临时政府可以用自己的名誉担保，没有不愉快的事情发生，没人被斩首，没有哪个地方受到了蹂躏，也没有哪个村庄的房屋惨遭雅各宾派的毒手。

共和国接管了执政的领地，这块地每年大约有70万里弗的产值，全部被共和国为了私利而据为己有了。"摄政"们还继续存在，但他们必须非常非常的低调，丝毫不会影响到政局。冯·恩·施皮格尔和威廉的好朋友康特·本廷克，因当职期间犯有渎职罪而接受审判，然而很快又获得了释放。负责调查他们的人叫沃克尼尔，是一名狂热的雅各宾派人士。他公开承认，没有什么诉讼是针对这两个人的，对他们的起诉是胡说八道："刚开始的时候好像有很多罪证，但是归纳一下，却发现根本达不到起诉的要求。"

不可否认，临时政府中的成员都是些善良的爱国者党人，善良的民主派人士。但是，他们抱着对平等信条的尊重，并没有希望借助革命这把刺刀来建立特殊的平等。

更加激进的爱国者党人提出了一个问题，也是一个最为重要的问题：荷兰的国库枯竭，还能拿出钱来供应法国这个拯救者吗？还能拿出钱来维持临时政府的日常开支吗？还能拿出钱来准备同法国开战并不断增加军事开支吗？荷兰进行贸易时必经的公海都已经被封锁了，殖民地也无法继续为荷兰增加一分钱的收入。荷兰的工业死了，是被各种呆坏账埋葬了。荷兰现在没有一分钱入账，却大把大把地向世界各地挥发着金钱。

解决这个问题的最终方法其实很简单，不比荷兰现在损失惨重的原因难多少。巴达维亚共和国开始依靠荷兰共和国留下来的财产过活。许多省的临时政府开始大量收缴金银，除了举行宗教仪式时所用的金银之外，其他的都落入临时政府手

封锁

中。但这么点钱，不到一个月就被空虚的国库消耗掉了。然后，临时政府开始贷款，他们将贷款利率提高到5%，还是吸收不到资金。于是，便以所有的财政收入当成抵押，征收利率高达6%的特别税，最终弄到的钱也只能维持3周的日常开支。那25000法国人也需要吃穿，他们始终在吃呀、吃呀、吃呀，就好像他们从来没吃过饱饭似的，可能他们确实没吃过饱饭吧。

只有一种方法可以克服目前的困境，那就是浪子回头，重拾往日的信

巴达维亚————时尚风情的一角

誉。荷兰人近两个世纪以来都能按时偿还债务，因而赢得了很好的口碑，几乎是想借多少就能借到多少。但是现在，共和国却滥用自己的信誉，用这个贷款来偿还另外一项贷款的利息，直到最后，这种倒账的方式消耗掉所有的财政声誉。

同时，法国在荷兰泻下大量交付券，令荷兰人感到十分厌烦。荷兰曾多次尝试废除这种纸币的流通，都被法国当局无情地拒绝了。"什么？你们胆敢拒绝使用我们印出来的漂亮钞票，拒绝接受真正的革命信条？"对此，法国绝对不会听之任之。法国政府在印刷交付券，伪造者也在印刷。在全国各地，只要有台小型私人印刷机，连三岁小孩儿都能印出交付券来。交付券开始到处泛滥，甚至湮没了所有的金融区，它把荷兰从一个恐怖带到另一个恐怖——最终导致国家破产。

下面，进入临时政府面临的第三项困难当中：军队和海军。

达恩德斯获准离开法国，去指挥荷兰军队。荷兰军队是一支奇怪的民团，很像中世纪时期的军队，士兵们个个唯利是图。这些士兵来自各个民族——有来自瑞士的近卫军，也有来自撒克逊的骑兵；有来自苏格兰的警卫，也有来自梅克伦堡的轻步兵；有几个来自荷兰的工兵，还有许多来自瓦尔德克亲王国①的步兵团。军官有一部分是荷兰人，但主要还是外国人。现在，荷兰大多数的高级军官都遭到了流放，低级官员在等着他们昔日的好朋友亲王陛下有朝一日返回荷兰，重新领导他们。确实，这支军队能够改编成一支装备精良的军队，总兵力为24000人，这支军队的指挥官达恩德斯现在血气方刚，他也会有机会把自己的性格锻炼得八面玲珑一些。可惜，经过一年的操练，荷兰还是没有建立起一支能够在一般性的战争中值得信赖的军队。

在舰队方面，临时政府没有遇到很大的困难，1500万荷兰盾重建专款很快就筹集起来了。皮耶特是一位海军专家，他视死如归，怀揣着遗嘱走马上任。这位老军官是个男子汉，他从来没有离开过海军，在担任联邦海军总指挥和总督期间，也从来没有向英国投降过。荷兰国内有足够的水手可以补充到海军队伍中。大批停靠在荷兰港口中的老舰只，也都换了合适的新名字——"沉默的威廉"号改名为"布鲁图"号，"联邦议会"号改名为"乔治华盛顿"号，"威廉亲王"号更是巧妙地被改成"暴怒者"号。荷兰计划下一步立刻完成25艘新舰船的设计和24艘护卫舰的建造任务。

一年半之后，德·温特将军（他是荷兰海军和法国步兵的副指挥）率领着首支成军的荷兰舰队出海。他率领的几艘军舰从太克斯港起航，在受到英国一个海军中队的打击后，仓皇逃到了挪威沿岸，然后带着几艘幸存下来的军舰返回了荷兰。另外两个中队的舰队也已经成军，分别前往印度殖民地的

---

① 德意志的一个小邦国。——译注

东、西海岸执行任务。但是，在他们离开共和国之前，就获得了殖民地被英军攻陷的消息。于是，这两个海军中队的后续投入变得毫无意义，干脆就放弃了。

现在，一大堆疑难问题摆在政客们面前，他们毫无执政经验，费了很多时间去处理这些问题，却毫无成效。召开国民议会早在革命之初就被确定为一个伟大的目标，它将勾勒一个宪政框架，把国家建立在绝对合法的基础之上，但是，现在这个构想却遥遥无期。

这个国家开始有些坐立不安了，旧奥伦治家族却在偷着乐。"他们知道乱七八糟地执政会带来什么后果。临时政府名副其实吗？临时政府也不过如此。"素来激进的爱国者党深深地知道，如果这种想法在全国流行的话，所产生的煽动性不可低估。因此，他们愤怒地说："反对派竟然说三道四，我们需要进行回击，而且是立即予以回击！临时政府要赶快行动起来！"

然而，临时政府还是无动于衷，他们没有采取任何实质性措施。这时，雅各宾派想到了他们在巴黎这所学校里学到的很多东西，于是他们开始四处游说——如果人民都愿意支持他们，他们就发动革命，他们不会以和平方式进行革命，不会在暗中进行反抗，也不会造成烟草免费、饮食免费和看戏免费等过激的局面。他们所说的一切并不是虚无缥缈的，而是建立在有实实在在的俱乐部、统治者、法律和强大的军队等基础上的，他们会坚决打击任何非议特别法案的人。

1795年8月26日，各省爱国者俱乐部的60名代表聚集到一起。这次会晤的目的是："组建国民议会，为建立宪政做准备。宪政毫不动摇地建立在人权，即自由和平等的基础上，最终达到让整个国家都紧密团结到一起的目的。"最终，这次会晤的明确目标似乎是"让整个国家紧密地团结到一起"。

最近6个月的所有革命活动都是一些爱国性的骚动，这些活动不同于反政府主义，它们的思想可以用一句话来概括："让整个国家紧密地团结到一起。"这意味着，旧共和国所有过于膨胀的地方主义都会走向"终结"；这意味着，几个世纪以来荷兰人最信奉的思想走到了尽头；这意味着，地方的统治者已经不再是统治者，而成为单一制政府中的重要一员；这意味着，几个世纪以来，在大家庭中发挥作用的小集团将渐渐消解，盘踞在首都的中央政府将逐渐强大起来；这意味着，联省议会不再是撮合各地区团结的机构，荷兰转变成一个不可分割的国家；这意味着，鼓励各地区为了自己利益而各抒己见的时代已经一去不复返了。在"摄政"从权力最高峰跌落下来，乡村更夫等普通人的地位蒸蒸日上的时候，那些从权力转化过程中遭受损失的人，虽然在口头上保持沉默，但在心理上却准备为自己的利益而抵抗到底。要他们放弃自己的金钱和财产，这个可以商量，但如果要剥夺他们的全部特权，就不可容忍了。临时政府和后来的国民议会面对的不是一个小问题，而是成堆的困难，例如，说服那些由社会贤达人士组成的强硬反对派，要求他们同意建立一个统一国家的计划。

事实上，联邦最终是依靠微弱的人数优势来统治这个国家的。荷兰的雅各宾派非常喧嚣，他们行为粗野，也缺乏同情心（雅各宾派是荷兰这个大舞台上的弃儿）。但是，他们做了一件事，而且做得不错。他们通过不择手段地欺骗、趁火打劫、几次直接威胁，成功斩断了荷兰人的地方主义情结，在旧联邦这盘散沙上建立起了一个统一的国家。8月26日，他们提出的第一个建议就没有得到临时政府的欢迎。于是，这些革命说客便立刻宣布他们建立了一个永久性的监管委员会，并自封其为荷兰的"中央议会"（是由巴达维亚共和国所有的民主派俱乐部代表组成的）。他们继续宣传自己的思想，直到这些思想最终产生积极的作用。

联邦议会拒绝同这种自封的顾问机构进行交流，他们本可以通过监禁这种手段来威胁雅各宾派的成员。然而，雅各宾派却安然无恙，还把"中央议会"保留下来了（这个机构的地址选在一个非常好的旅馆里，顺便说一下，这个旅馆现在还存在，只不过名字已经改为维尤克斯多伦酒店），把它当成一个非正式的小议会来举行，以便通过合法和非法等一切手段加强自己的势力。我在上文中着力评述了革命之后一年零一个月的事件。在激进的爱国者党和蜂拥民众的影响下，临时政府决定召集"国民议会，草拟一部宪法，迈出祖国统一的第一步"。

我们的做法是：国民议会应该由所有年龄超过20岁的荷兰人选举而成，不包括没有公民权的乞丐和异教徒。第一次选举的方式是，在荷兰各省中，每15000人组成一个选区，每500人组成一个次选区。在次选区中，实行匿名投票、少数服从多数的原则，选举出1名选举人和1名候补选举人。选举人必须在25岁以上，不是乞丐，获得公民权超过4年。这样，每个选区共选出30名选举人，然后，由他们选出1名代表和2名候选代表。这些代表必须在30岁以上，他们将成为国民议会中的代表。他们将获得每天4元钱的薪水以及一些交通补助。国民议会是行政和立法机构，职能类似于共和国时期执政虚位时的联邦议会。在国民议会第一次会晤结束2周之内，国民议会必须任命一个适当的21人委员会（7个来自荷兰省，1个来自德伦特省，其

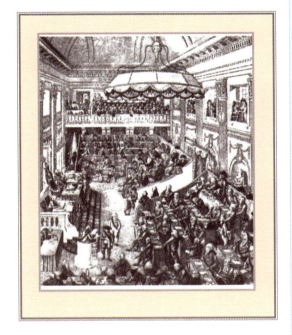

国民议会是行政和立法机构，职能类似于共和国时期执政虚位时的联邦议会。

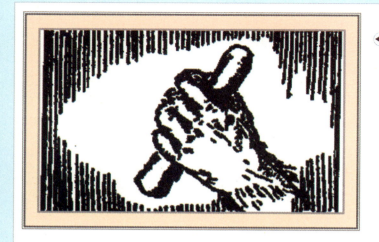

手握讲稿的议员

他省份各出2个）。这个所谓的委员会必须在6个月内起草一部宪法草案。该草案必须立即提交到国民会议进行批准，在一年内必须进行最终的全民公决。

1796年2月下旬，选举正式开始。这次选举受到了民众的普遍尊重，整个选举秩序井然有序。虽然法律规定的选举程序比较烦琐，倒也不失有几个亮点。荷兰市民在了解完复杂的选举细节后，便踊跃走到选举箱前，作为一个享有充分公民权的市民，行使了自己神圣的权利。

3月1日，有一半多的合法代表已经被选举出来，他们聚集到海牙，开始为新工作做准备了。

从临时政府建立到现在，已经有一年的时间了。在这一年里，除了日益增多的债务和日益减少的财政收入之外，别的也没什么可圈可点的地方值得炫耀。当然，现在人民的代表指出了通向繁荣而不是造成战乱的道路，伟大的时刻就要到来了。

荷兰人告别临时议会，迎来了国民议会。

05 执政典礼

　　1796年3月1日早上，为了迎接立法，海牙市民放了一个额外的假，海牙人向来都这么奇特。他们开始着手装修议会大厅，在裱糊工和装饰工的带领下，很多木匠、水管工和粉刷工在执政的宫廷里忙活了2周。他们敲敲打打、糊糊贴贴，最终把威廉五世的舞厅改成了国民议会的会议室。会议室大厅呈椭圆形，长80英尺，宽32英尺，顶棚悬挂得非常高。大厅里的长椅整齐地排列着，每排椅子前面的桌子上都覆盖着绿色的桌布，这就是国民议会的主要席位。会议厅里的椅子倚靠着三边的墙，每边有4排座椅，没有椅子的那面墙上有个大窗子，窗子的外面便是庭院。还有几个席位背对着窗子，坐落在大窗子的中间位置，是议会议长及其秘书的席位，也是革命政权的标志。议会议长坐的椅子非常豪华，椅子上有木质雕像装饰，这些雕像代表着自由和博爱。大厅里还有旁听席，这是现代议会大厅中最重要的部分，可以同时容纳300人。无独有偶，在法国议会中，市民参与议会的水平也达到了很高的程度。大厅里还有一个专门的旁听席，是为外国使节和社会上层人士准备的。可惜，在亲王离开之后，外国的使节也很快离开了荷兰。现在已经没有几个外国使节还留在这里倾听巴达维亚共和国的花言巧语。

　　国民议会仿效法国的方式，议员不能坐在自己的席位上讲话。当他们要发表观点的时候，会在一个专门的小讲坛上进行演讲，这个讲坛坐落在议长或类似（筹建）席位的右边。

3月1日这一天，总共有96个代表参加了国民议会，他们来自7个不同的省份。现在，让我们看看海牙市民在这一天都经历了些什么事情。

弗里斯兰和泽兰两省都不欢迎这届议会，这届议会是革命委员会强加给他们的，因此，他们一直故意拖延议会选举——甚至连初步的选举都没有开始。相比之下，其他一些省份对这届议会却有着很高的热情，特别是德伦特省等几个一般的省份，他们在历史上第一次有了独立自主的地位，热切地渴望着赶快投入到议会工作中。3月1日上午7点，几个一般省份的议会代表及候补代表就穿着节日的盛装，走上了他们的新工作岗位。可是，很多省份的代表却姗姗来迟，直到中午，一共才来了9个代表。就在这时，一个由9名联省议会议员组成的代表团在仪仗队的护送下走了进来。可以说，他们将要担当这届国民议会的主持人。这9个议员在议会大厅的特殊席位上就座，这些席位安放在议长的前面。9个议员各司其职，其中一个议员负责宣读代表花名册。只有代表在交验了委任状，并且检验合格之后，他们的名字才会正式出现在这份花名册中。接下来，代表们通过抽签选择自己的座位。这一仪式每2周进行一次，可以有效防止出现争论高潮或低潮，保证政治秩序安定有序。正式开会的时候，候补代表坐在正式代表的后面。等他们坐好后，要进行新式的宣誓，以取代原来效忠宣誓，具体程序是：代表团主席在他们面前庄严地宣读一份爱国宣言，然后，代表们表示自己会忠于这份宣言。接下来，主席讲一些豪言壮语，内容往往涉及抨击西班牙暴政、菲利普二世、阿尔瓦、拿骚威廉，或者歌颂巴达维亚人民的自由精神等人民喜闻乐见的话题。这样，整个仪式就结束了。后来，威廉五世在海外听说这种宣誓方式正在荷兰盛行，他说感谢民众对他的关注。

下一项任务是选举议会议长。在第一次选举中，皮耶特·保罗以88票赞成、2票反对的结果当选为议会议长，他是最当之无愧的人选。联省议会代表将一块三色肩带挂到保罗先生的肩膀上，然后引领他走上议会议长的席位。此时，会场一片寂静。旁听席上黑压压挤满了人，他们都屏住了呼吸。出席这次议会的外国人主要是来自法兰西共和国和美利坚合众国的政府官员，以及来自丹麦和葡萄牙的外交代表。他们在观摩完仪式后，便可以向他们的国家通报说，他们的姊妹共和国荷兰已经开始行使其职能了。

12点，保罗站起来，以坚定的声调说："我以尼德兰人民的名义宣布，我们代表人民在履行自己的职责，这次会议是全尼德兰人民的代表议会。"

接着便是雷鸣般的掌声。隐藏在角落里的乐队开始演奏革命赞歌。嘹亮的号声向世人宣布，一个新的政权正式建立起来了。士兵举枪致敬，平民们赶快跑去拥抱士兵，这是当时市民表达喜悦的一般方式。新政权的国旗还是以前的红、白、蓝三色，只是外加了一个自由女神像。这面国旗在一个小天

沉默者威廉

　　新政权的国旗还是以前的红、白、蓝三色，只是外加了一个自由女神像。这面国旗在一个小天文台上升起来，这是此时所能看到的最高处。

文台上升起来，这是此时所能看到的最高处。不久以前，执政的儿女在心情不错的时候还站在这个天文台上仰望天空，寻找神奇的天堂。对于那些没有亲自参加议会的人来说，升旗是一个约定好的信号，他们立刻爆发出雷鸣般的欢呼声。随后，安放在城市外面的大炮（为了防止新政权有所不测而安放在城外的）鸣炮欢庆，拥有火枪的市民也向天鸣枪，表达他们内心的喜悦。不久后，通讯员们策马执鞭，将这个振奋人心的消息传到全国各个地区。

然而，9名联省议会代表没有看到上面的庆典活动。当保罗开始进行就职演说时（演讲简明扼要、平实却不乏威严）他们就离开了现场，返回到各自的会议室中了。荷兰的大街小巷里，人们都在疯狂地庆祝巴达维亚共和国给他们带来的新自由。长达几个世纪以来，荷兰联省议会中的达官贵人曾经牢牢掌握着自己的命运，甚至经常掌握着整个欧洲的命运；曾经任命了许多管理者，经营着一个地跨几个大洲的殖民帝国；曾经因为自己的失误而葬送了自己的权力——现在是他们最后一次聚集到一起了。他们出席了尼德兰人民代表议会的成立仪式，还对外汇报了他们的所见、所闻和所为。然后，在联省议会议长做了一个简短的演说之后，他们便关闭了联省议会，慢慢地收拾好自己的文件，消失在人群之中。

在市区，人民正在准备连夜狂欢。

43

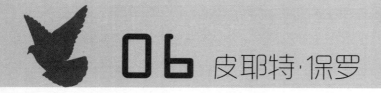

06 皮耶特·保罗

　　一年前，法国大革命突然闯进了荷兰，残忍地把刺刀插进荷兰共和国的巢穴里。荷兰人为了保住身家性命和财产，顿时慌作一团，好在秩序又重新恢复了。民众对革命惊恐万分，他们最初对革命感到异常惊讶，随后便毫不掩饰地厌恶革命。法国的革命先驱们偶然发现，荷兰的民族结构非常奇特。荷兰在表面上是个组织妥善的共和国，实际上它的民族结构却与之格格不入。在共和国里，每只小蚂蚁或者每个蚂蚁小团体都有自己的小算盘，他们向来无视他们邻居的存在。他们拼命地为自己的蝇头微利而操劳奔波，谁靠近他们，他们就跑上去咬一口，谁不留意他们，他们就偷走他的鸡蛋——总之，表面上，他们是生活在同一个土丘下的蚂蚁族群，组织完善；实际上，他们却是为了私利而争吵的小团体，混乱不已。按照一般的常识来推断，法国人感叹完了之后便会说："兄弟，你们绝对不能再这样了，你们必须进行革新。我们会给你们建设新家园的机会，让你们建设一个非常豪华的家园。你们可以随心所欲地装饰它，可以里里外外都挂上心仪的装饰品。但是，你们别再这样变态地争吵了，这是自相残杀，会打消了每个人的积极性。总而言之，你们有能力结束目前混乱的状态，建立一个组织有序、权力集中的共和国，就像所有的现代化国家一样。"

　　说得好听。可是，谁将实现这个奇迹？早在200年前，奥尔登巴内费尔特①就向市民们宣扬：建立中央集权的尝试必将失败。沉默者威廉曾经尝试过，但失败了。约翰·德·威特②试图通过让整个联盟都屈从于荷兰的方式来实现统一，也没有获得成功。威廉三世宣称，他做到了一切能做到的事情，却唯独没有在共和国的基础上建立一个统一的政府。在整个18世纪，荷兰的所有努力都是为了建立一个更加统一的国家，他们为此而进行艰苦卓绝的斗争，可是到头来，所付出的精力和体力都白白浪费了。

国民议会（尼德兰人民代表议会这个名字太长了，干脆叫国民议会吧）从没有经历过风雨，现在，它受命来承担一项重任。这不是项轻松的任务，这项任务受到一半以上议员的厌恶，受到绝大多数市民的敌视。

革命、激进党派、交付券、卡曼纽夹克衫③、蓬乱的发型——巴达维亚人差不多可以支持任何事物，唯独不想让自己做出一点牺牲。

皮耶特·保罗是这次革命中的智者，他知道他会遇到什么困难，也知道议会将会遇到什么困难。他在做就职演讲的时候，就已经警告过议会代表们，要求他们一定不能忘记"成为全体人民的代表，而不仅仅代表个别的城市或省"，议员们也都听得非常认真。然而，在当月15日，议会选举出一个起草宪法的委员会，结果拥护联邦制的人反而占了大多数，他们支持各省的独立地位，反对各省联合。

在负责起草宪法的21名委员中，只有1名委员坚决支持各省联合。虽然

---

① 奥尔登巴内费尔特（1547—1619），曾任尼德兰联省共和国的大议长，是一位杰出的政治家，在尼德兰独立运动中发挥过重要作用。他反对建立中央集权制国家，主张尼德兰各省获得独立地位，并因此与执政沉默者威廉结怨，1618年遭到逮捕，次年被公开斩首。——译注
② 约翰·德·威特（1625—1672），荷兰统治者，在任时曾支持荷兰统一，1672年遇刺身亡。——译注
③ 卡曼纽夹克衫是革命者在法国大革命时期穿的一种短上衣。——译注

议会整体出勤率比较高，但是，由于泽兰省和弗里斯兰省始终没有派代表前来，所以这个委员会不得不等到4月末才能正式开展工作。等到他们终于开始工作的时候，他们又遭受了一个无法挽回的损失。在执政典礼结束一周后，议会秘书便宣布，由于保罗先生在家中患上了严重的感冒，他离职了。保罗还很年轻，他才40出头。在此前的14个月中，由于政府缺乏支持，他独自支撑着整个局面。议会刚刚召开的时候，

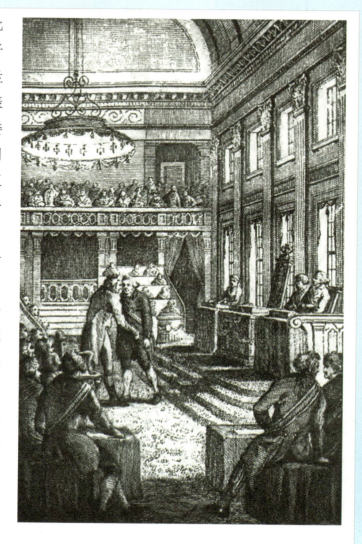

国民议会议长欢迎法国公使。

雅各宾派就很不满意，他们认为保罗不够激进，还激烈指责他的财政政策很不稳定。议会并没有理会这些指责，议员们都充分地信任他们的议长。然而，为了挽救这个行将破产的国家，保罗一天要工作18个小时。虽然他自己

的诚信也遭到了不断的指责，但是他始终都在为荷兰宪政的发展而呕心沥血。感冒只是一个开始，在3月6日以后，他便再也没有出现在议会上。同月15日，保罗与世长辞。

保罗的能力是有目共睹的。在他死后，国民议会立刻陷入到无休止的争论之中，就像当年的罗马下议院一样。结果，荷兰人失去的不仅仅是萨贡托，而是整个国家、殖民地以及国家的信誉。直到荷兰人感觉自己真的无法建立起正常的秩序时，他们便再次把法国的革命刺刀请进来。

07 第一次国民议会始末

在废除贵族方面，荷兰革命者并没有仿效法国，他们都支持信仰自由，都信守传统。议会开幕都是先从祷告开始的，甚至还有一名议员提交了一份用于日常祷告的祷文，这段祷文简洁扼要，并且富有创新精神："哦，上帝，请把我们从轻浮、彷徨和迟钝中拯救出来吧，从今时直到永远。阿门！"

这种精神是值得肯定的。

可是，现实情况是，自由的神殿成为一个诡辩的场所，红花绿毛的议员们用他们激情的演说来浪费时间，他们像以前的政府那样只知道夸夸其谈。

让我们用一个词来形容当前的形势——千载难逢。然而，革命领袖们却让这个关键时刻白白流失了，后来他们为自己的疏忽付出了沉重的代价。如果他们能够在取得首次胜利后，便大胆地废除一切旧制度；如果他们满怀信心地解散乌特勒支同盟，驱逐各省的统治者，废除各省的议会，他们便能够在法国的援助下，将旧共和国变成一个新型的单一制国家。可惜，长达一个世纪的踌躇和犹豫让他们走不出关键性的一步。阿姆斯特丹的爱国者党是这个商业城市里的激进党派，他们想把革命推向前进，想在革命中实现自己的理想。可是，其他的城市都不敢跟着他们前进。现在，一切都太晚了，经过一年的彷徨，激进主义不再流行。旧保守主义虽然一时受到了削弱，但是绝

在市场上,在乡村客栈里,到处都有顽固派的身影,他们在每个城市的议会大厅都提出抗议,甚至在国民议会上也大放厥词。

对没有消失，民众们经过365天的休整，又重新接受了保守主义的思想。保守派还是抵制建立一个统一的国家，虽然他们有所收敛，可从来没有放弃过抵制的行动。"国家统一不等于荷兰独享领导权。"这句话成为所有反对爱国者党的政治口号。在他们看来，统一，便意味着各省不能再珍视自己的主权，而必须屈从于荷兰的统治；统一，便意味着各省必须平均分担国家的财政开支，而荷兰的人口数量是联邦中最多的，达到40万人，它的财政负担却和人口最少的省份相同。老摄政们为了阻止荷兰统一而战，一些顽固派民众追随着他们，在市场上，在乡村客栈里，到处都有顽固派的身影，他们在每个城市的议会大厅都提出抗议，甚至在国民议会上也大放厥词。他们提交到议会中的每一项问询都是从阻止统一这个角度出发的（他们把一揽子一揽子的问询、提案和政令送到国民议会中），都把独立当成是人民最高的追求，都决定反对单一制政府，都否定荷兰独霸领导权。在国民议会中，议员们不缺乏勤奋的精神，他们颁布的法案足有8本大书那么多，他们批准的政令更是多达23本。在这里，也不缺乏年轻有为的政治家，他们朝气蓬勃，充满了热情，他们思维缜密，在立法时考虑到了每一个应该考虑到的细节。每当遇到新问题的时候，他们都会停下来进行激烈的讨论，就算处境艰难也是如此。教会与国家分离这个问题曾经困扰了政治家们长达几个世纪之久，现在这个问题还是居于首位。演讲是完全开放的，议员们轮流上台阐述自己的观点，他们也会单独向议长说几句。可是，他们针对整个国家的发言却最少，每个演讲就像是新教徒布道一样，一大段一大段的，就连手势和鼻音也跟布道完全一样。有时，当议会中的资质较低的议员（一般称他们为菜鸟公民）同旧政权的核心人物进行辩论时，议长会阻止使用过于浮华的辞藻。

议长的职位是常常变动的。议员的座次每2周改变一次，同时重新选出一个议长。大多数议员在讨论问题时总是喋喋不休，他们所选举出来的议长也是如此，从而导致议员们都染上了爱贫嘴的习惯。8月，在一次冗长的争

人们期望宪法委员会能够将商讨的结果及时在报纸上刊登出来。

论之后，教会和政治分离最终得以实现，议会颁布了一项法律，给予犹太人以公民权，从此8万希伯来人获得了选举权。另一个重要的问题是关于创建国家军队的，这个问题已经争论了50多年了。从理论上讲，每个人都支持建立军队。但在实践中，大多数荷兰人宁愿去挖掘运河也不愿意去当兵。为了解决这一问题，荷兰必须废除不计其数的中世纪封建权利，他们从1795年就开始着手这一问题了，不过很快就陷入到无休止的讨论中，没有进展。

最令人痛心的莫过于处理东印度公司的方式了，荷兰人也因为这家公司的破产而遭受了巨大的损失。早在几年前，这个古老的公司就已经濒临破产了，荷兰本应该采取些措施进行应对，却力不从心。新的联邦财政体系也出现了问题，这个问题引起了议会的注意，各省也一直支持处理这个问题，但也没有解决好。

在许多重大问题上，议会往往能够达成一致意见，但在其他很多问题上，却往往会陷入永无止境的演说和争论当中。如果他们所争论的问题过于模糊，甚至导致大多数议员都搞不懂的话，议会就需要出台宪法了。出台宪法的意义重大，荷兰在未来一定会遇到很多困难，宪法无疑是妥当解决这些困难的最佳方式，可惜，荷兰的未来却很不明朗。不过，等到把宪法实实在在地摆在桌子上的时候，等到严格按照宪政的要求选举出议员并把他们召集到议会中的时候，一切就会好起来的。人们期望宪法委员会能够在秘密会议上商讨立宪事宜。不过，这个秘密会议不像其他立法机构的秘密会议，他们商讨的结果必须及时向社会公布，上午和下午讨论的事情到了晚上就应该在报纸上刊登出来。这时，很多支持国家统一的人一定会感到很孤独很失望，因为他们周复一周地报道秘密会议的进展情况。结果他们却发现，支持联邦制的人主导了立宪工作，这帮人就像个裁缝一样，首先定好了为联邦制量体裁衣的基调，然后极力为宪法蒙上联邦制的外套。1796年11月10日，宪法首次在国民议会上向民众公布。联邦派欣喜若狂，统一派则公开指责联邦派欺诈民众，指责他们是隐藏在荷兰的奥伦治成员，是最邪恶的反动派。其实，统一派和爱国者党都有权利来泄愤，因为眼前的这部新宪法只是对1576年旧共和国宪法修订了一下，本质上还是当年乌特勒支同盟所遵守的那部宪法。只不过，原来有执政，现在用7人国家理事会来代替他行使行政权；原来有联省议会，现在选举出一个两院制议会来代替它行使立法权。各省虽然被废除了，但仍然保留了以往的自主权，继续拥有昔日的权力或特权，宪法只是改了改许多机构的名字而已。

各种政治俱乐部都狂躁起来，雅各宾派更是恼羞成怒，他们甚至想到了使用断头台。议会门厅里挤满了怒不可遏的爱国者党人，他们发动的抗议风暴把议员们吓蒙了。于是，议会立刻站出来发表声明，他们用了整整11天的时间才算解释清楚了。按照他们的意思，这部宪法绝对不意味着荷兰要倒退到以前，宪法最大限度地体现了时代精神，一定会给国家带来一个光明、崭新的未来。最终，有2/3的民众权衡了利弊之后，决定放弃抗议，议会也同意对宪法进行修改。但实际上，民愤还是没有终止。后来，这部宪法又退回到宪法委员会。宪法委员会首先增补了10名成员，然后着手为宪法裁定更新潮、更流行的衣服，把宪法打扮得更漂亮一点。这项工作犹如让宪法返老还童，大约持续了6个月的时间。虽然21人宪法委员会倾尽了全力，但无奈旧传统的力量实在太强大了，在1797年5月30日召开的国民议会上，大多数议员仍然赞同采纳联邦派宪法，并决定立即提交给选民做最后的表决。2年多来付出的努力和心血都付诸东流，国民议会颁布的宪法没有修改旧宪法中的任何错误，只是添加了几个新名词。8月，第一次国民议会闭幕。3周后，宪法分发给选民，让他们投票批准。结果，大约有3/4的选民选择待在家里，不去参与表决。在13万选民中，每6个人中就有5个人明确表示反对这部宪法，最终宪法被否定了。

有2/3的人决定放弃抗议。

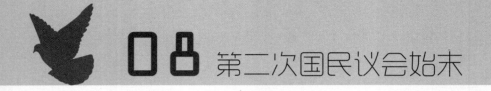

08 第二次国民议会始末

　　大多数选民都关注时事，他们的观点也非常明确，那就是向往国家统一。当新选举开始的时候，他们立刻选出一届新议会，这届议会以统一派为主体。由于选民的选举热情高涨，几个杰出的统一派领导人都顺利当选为议员。在新议会中，许多在第一次国民议会中担当主角并发挥过决定作用的温和派成员都没有获得席位，他们恰恰是经历过磨砺、有经验的政治家。统一派领导人显然没有正确认识他们的价值，只是认为他们支持联邦党人，应该对第一次立宪的失败负直接责任。"好吧，"温和派说，"让统一派自己折腾去吧，看看他们能搞出点什么名堂来。"随后，温和派便隐退在家中，重操他们的法律旧业。他们大多是优秀的律师，在律师事务所中工作。总体上看，他们做出的决定是明智的。

　　当一个大手术在所难免的时候，就不需要召集名医进行会诊，也不需要探讨患者康复的概率了。自从1581年废除菲利普二世以来，荷兰就再也没有遇到过这样严峻的危机。法国老大哥对荷兰人拖拖拉拉的性格深恶痛绝，也不满他们在鸡毛蒜皮的事上消磨宝贵的时间。他们比以往更加明显地暗示荷兰：如果必须去做一件事，就应该赶快去做。如果要建立新政府，必须非常自信，必须果断地按照自己的意图行事，必须坚信自己的事业是庄严而神圣的。如果没有这样的人，那么，最好是从法国进口一部现成的宪法，来弥补荷兰人在立宪这项任务上的不足。

1797年9月1日，第二次议会召开。21人立宪委员会很快被选举出来，议会代表也开始工作了。爱国者俱乐部这时活跃起来，他们在海牙不断地提醒议员，人民想要一部促进统一的宪法，而不是仅仅修改一下摄政统治时期的宪法。在这个时候，如果有人对奥伦治家族表现出哪怕是微小的同情，就会被爱国者党看作是向议会挑衅，甚至被看作是向国民议会做煽动性演讲，就会立刻成为爱国者党的眼中钉、肉中刺，立刻遭到他们事先准备好的刻薄语言的攻击——哪怕是喝醉了酒后乱说的，甚至是在梦里说的梦话都不行。

当讨论到荷兰舰队遭受英国击败这件事时，议员们都强烈要求将犹豫不决的将军判为叛国罪。爱国者俱乐部很清楚，这个国家到处都是叛徒，他们私通执政，希望威廉能够重新夺回执政的宝座，打击所有的爱国者。

爱国者党的手段没有多大效果。无论是新教会（奥伦治家族的老据点）还是新官员，不都在以饱满的热情，连续数周、数月给议员们做宗教情怀上的工作吗？不都在催促教区居民走进书店，签下反对国家和教会分离的请愿书吗？他们确实是这样做的！20万人都签了请愿书，占到选民总人数的一半多，他们签下请愿书的目的，是防止许多深受爱戴的官员们失去饭碗。爱国者因为民众的背叛而哭哭啼啼地唱起了哀歌，哀歌的声音越唱越大。越来越多的民众坚定地站到奥伦治家族一边，成为反对分子。亲爱的读者们，你们看看，到目前为止，大多数人对革命感到极其失望。在执政统治时期，虽然荷兰在政治和经济方面遇到了很多困难。但是，执政往往能够担当责任，成为政府的替罪羊，成为民众们的出气筒。再来看看爱国者的主张，他们说："只要废除执政，建立人民政权，荷兰的政治、经济和社会就都会好起来。"说得很好。现在，执政被驱逐到荒郊野外，人民政权也建立起来了，所有人都回到了自己的工作岗位上。他们相信人民的力量是巨大的，认为人民政权一定能够彻底解决所有问题，就像相信所谓的特效药能够药到病除一

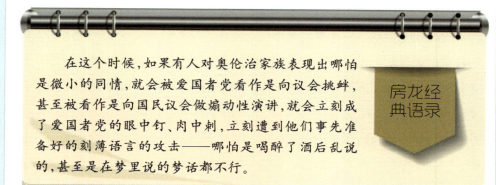

在这个时候，如果有人对奥伦治家族表现出哪怕是微小的同情，就会被爱国者党看作是向议会挑衅，甚至被看作是向国民议会做煽动性演讲，就会立刻成了爱国者党的眼中钉、肉中刺，立刻遭到他们事先准备好的刻薄语言的攻击——哪怕是喝醉了酒后乱说的，甚至是在梦里说的梦话都不行。

房龙经典语录

样。很显然，现实中没有出现药到病除的情况。名义上，政府的各个部门都是为了方便普通民众而设置的，实际上，这些部门只不过是一些权宜之计罢了，没有比建立和维持一个人民政权更难的事情了。人民政权需要不断地体察民情，需要跟每个人接触，这是一项庞大的工程。人民政权与其他类型的政权相比，更容易遭到国内外势力的攻击，也更容易受到政治寄生虫的破坏。以巴达维亚共和国为例，首先，1787年受到流放的人会突然向国库狮子大开口，要求用大量的金钱来满足他们的贪婪之心。律师们对共和国抱着非常严肃认真的态度，他们干预共和国的成立："不行，我们必须慢慢地处理政治问题，必须谨慎一些。我们首先要仔细研究一下这个命题，然后精读所有关于议会、宪法和自然权利的图书和小册子，最后才能得出相应的结论。"相比之下，联邦派希望从旧政权中抢救出尽可能多的残骸，试图用各种奸诈的手段来毁坏爱国者的成果。

毫无疑问，人民政权没有像灵丹妙药那样治疗所有的顽疾，因此它很难证明自己是成功的。然后，它的代价却无比巨大！天哪！看看那些罪恶的交付券，法国军队勒索了数以百万计的荷兰盾，新政府以税收的形式又征收了几百万荷兰盾！结果，荷兰的舰队全军覆没，殖民地完全沦丧，商业和贸易完全中断！而对这一切，议员们仅仅发表了一份31页的演说和决议。

总而言之，难道不能坦白地面对现实吗？难道重新回到旧秩序中不好吗？可能很好吧。但千万不能高声宣扬，不然爱国者俱乐部会听到的，他们现在非常疯狂。"但是，看看这里，市民兄弟们，你们作为一个普通人，从议会和选举中得到了什么呢？你们少交一分钱的税了吗？没有。你们在东印度的债权升值了吗？没有，它们今天一分钱也不值了。你觉得自己的生意比以前更好了吗？没有。我们的舰队还从来没有这么糟糕过。"循环往复，循环往复，永无止境。爱国者俱乐部当然知道，这样煽动性的演说从国外传遍了整个国家。他们知道，以前的自由之树已经被战战兢兢的市民劈成了柴火。他们知道，在奥伦治时期，许多家庭主妇还能领到橙色丝带来装饰自己的屋子，现在，她们能够领到一些新鲜的樟脑丸就知足了。他们也知道，由于这届政府在最近6个月以来的糟糕表现，他们掌握政权的最后机会也马上要丧失了。因此，他们这些法国大革命的追随者，正在设想法国人如果遇到这样的情况会做出怎样的调整：南方共和国的议会是由叛徒组成的，他们在人民代表的掩护下偷偷地承认君主制、天主教和其他各种反革命的反动信条，现在他们已经废除自己的议会了吗？新法国向全世界证明它和5年前的旧法国一样，不会向君主制屈服了吗？巴达维亚俱乐部没有设宴庆祝法国大革命的胜利吗？没有派代表前往巴黎，恭喜法国政变领袖们取得的伟大成就吗？辉煌一时的法国已经给荷兰人做出了榜样，向往自由的巴达维亚人只有羡慕和追随的份儿。在1797年9月4日法国发生政变后，荷兰也在1798年6月22日发生了政变。在荷兰，爱国者的政变不是自发形成的，它所需要的原料在巴黎这个革命的厨房里是很常见的。在法国这位娴熟大厨的监督下，荷兰进行着烹饪。法国人擅长品菜，他还许诺亲自依据荷兰人的口味将菜味调得更好一些。然后，在法国火焰熊熊燃起，菜肴哗哗作响。法国把做好的菜肴运到荷兰，当荷兰议会在喋喋不休地讨论时，他们就把这盘菜肴端到了议会面前。读者们，为什么要调动你们的食欲呢？我想让你们留下来见识一下执政府这盘著名的炖菜。不过，我需要几章的篇幅才能把菜做好，所以，先别期望在五六页之后就会有一顿美餐。你可能会留下来看下一章，但下一章的内容却非常昏暗，就像阿姆斯特丹一个多雨的周末一样昏暗。

09 海外的辉煌

　　海外从来没有取得过辉煌。海战倒是经常被人提及，有些时候海战能够唤起了人们更大的勇气，赋予人们更高的能力，更多的时候它却显得愚蠢至极。之后，很多海战还被载入海军战略手册，但海战在历史上并不常见。我尽可能短地叙述，以便让读者不至感到厌倦。鲍鲁斯死后，新任的海军部长官十分无能，纵使他们竭尽所能，也无法在一夜之间把自私的小市民改造成海军将领。从历史文献中看，荷兰人参与过60场各类海战（18世纪坚韧的牛皮纸上记满了许多想象中的舰队），负担着至少17000名海军官兵的饷银。现实中，只有不超过20人了解他们的境况。经验丰富的海军将领都已经离开了，他们现在住在不伦瑞克，离执政的住处并不远，不过只能领到以前一半的薪水。为了贴补生活，他们悬着俄国旗帜航行，与挂着英国米字旗的舰只交战。至于水手，荷兰的军官们只能听从命运的摆布了。贫困迫使他们继续待在原来的岗位上，否则只有挨冻受饿。他们只有进行过新的效忠誓言，才能继续获得这个养家糊口的岗位。他们一般聚在军舰的尾甲板上，这里涂满了充满传奇色彩的"自由、平等、博爱"几个烫金大字，因而显得熠熠生辉。他们的船桅上仍旧飘扬着昔日的红、白、蓝三色旗，只是多出了一个自由女神像，文明世界中的大部分战争都借着自由女神的名义发动的。也许他们在某个早上一觉醒来时，便会发现世道大变，锋利的尖刀将女神像从高悬之处挑落，随意飘落在地上。好在帆布的价格不贵，一面新的旗帜很快就能做成，自由女神会再次被供奉起来。荷兰人不知道他们失败的原因是什么，于是，整支舰队便成了替罪羊。他们只能待在军舰上等，既不能变节投靠近在咫尺的法军，又被英国舰队围困得动弹不得。荷兰海军司令是原来的德·温特准将，如今他已升任海军上将，他当年曾经试图打开出海口，却最终徒劳无功。如果你有兴趣查阅《法国人物传记辞典》，就会发现此人还是赫伊森伯爵和帝国陆军元帅。在荷兰平原，他不过是简·威廉姆·德·温特，一个信奉极端革命主义的狂热派，他有一点海战经验，却从未指挥过任何舰只。他的个人勇气让他战胜了疑虑，但他对即将从事的事业却毫无准备，还天真地认为充满乐观主义精神的革命群众能办到任何事情。他的指令极其隐晦，所有重要的爱国者党俱乐部为了研究他的指令而反复开会研讨了几周，最终却得不出结果。以德·温特海军上将为首的所有探险计划，都只不过是一些冒险家的奇思妙想罢了，他们异想天开地试图让世界一夜之

危险的海岸

间发生改变。英国是所有反革命力量的堡垒，是革命派的头号大敌。提到这个孤悬海外的群岛，革命派就火冒三丈。世事变迁，克里姆林宫大教堂一度成了法国骑兵的马厩，葡萄牙教堂的穹顶也许可以用来当成猪圈，威尼斯王宫可以用作弹药库，荷兰王宫的储藏室摇身一变成了法军战地医院。法国步兵在推进，骑兵在飞驰，法国的影响力和思想在欧洲大陆渗透。而英国却远离欧洲大陆几十英里，让法国也鞭长莫及，依托海洋的保护，英国成了欧洲唯一坚不可摧的国度。法国工程师竭其所能也建造不出一条能够横跨英吉利海峡的长桥；法国炮兵随时都能瞄准英国，却无法让枪炮穿越北海；法国骑兵能俘获因冰冻而搁浅的荷兰舰队，但英国周边的海域却终年无冻；法国步兵能保持长途大规模行军的纪录，却无法在海水中泅渡60英里。仅靠荷兰海军单枪匹马无法完成攻击英国的艰巨任务。最初有人提议联合法国、西班牙、巴达维亚共和国的海军共同行动，不过爱国者党对这一提案嗤之以鼻。独臂战神德·鲁伊特尔①和特洛普②的精神仍炽热地燃烧在每一个优秀的巴达维亚共和国公民的心头，于是荷兰人决定单独行动。1797年10月6日，舰队踌躇满志地驶离太克斯港，"布鲁图"号、"平等"号、"自由"号、"巴达维亚"号、"战神"号、"朱庇特"号、"埃阿斯"号、"警戒"号等共计26艘战舰，每舰配有从18门到74门不等的加农炮，浩浩荡荡奔袭英国沿岸。5天后，由于西风劲吹，这支梦幻编队仍然滞留在荷兰沿岸，之后，他们便遇到由英国海军上将阿登·杜肯率领的英国舰队，这支英国舰队由16艘实力相当的主力舰和10艘快速帆船组成。相比之下，荷兰海军舰队则是由一个新长官带领的一班士气低落的乌合之众。英国不仅船坚炮利，领导有方，而且上下一心，同心同德。在荷兰北部沿岸一个叫作坎普顿的小村庄

---

① 奥德·鲁伊特尔在指挥海军作战方面拥有卓越的才能，曾在第三次英荷战争中抵抗住了英法舰队的进攻。——译注
② 特洛普17世纪的荷兰海军上将，曾任联邦舰队司令，率领舰队击败过英国舰队。——译注

附近，战斗打响了，并持续了大约4个小时。在战斗开始的头50分钟里，荷兰舰队就被打得七零八落，在其后1小时中，英国已经牢牢锁定了胜局。2个小时后，荷兰海军已经仅仅是为了往昔的荣耀而负隅顽抗。海军中将布洛伊斯·瓦·特斯朗出自武将之门，他的祖上曾经是"海上乞丐"，在1574年胜利解救莱顿之围。在这场海战中，特斯朗被打断了胳膊，却仍然坚持指挥"布鲁图"号顽强抵抗，直到战舰完全沉没。"抵抗者"号舰长黑斯廷在舰桥上壮烈殉国。"平等"号上官兵共有190人，其中60人战死，70人负伤。"赫拉克勒斯"号被霰弹击中起火仍坚持战斗，直到舰长伤重而亡，大火很快烧到弹药舱，船员不得不将弹药投入海中，放弃了抵抗。"莫德比克"号在战斗打响不到2小时就遭到敌方僚舰当头一撞，死50人伤60人，樯倒桅折，千疮百孔。其余各舰也大多损失惨重，个人勇气在劣等装备和盲目轻敌面前还是甘拜下风。10艘舰只落入英军之手，其中一艘军舰只在战斗结束后载着舰上的全体船员葬身风浪之中。另一艘军舰返航途中触礁，在荷兰沿岸后被海浪撕成碎片。据统计，共有727人战死，674人受伤，仅有少部分舰只在历经劫难之后侥幸逃回港口。

一名海军上将成了英国人的战俘，这在荷兰海军史上还是头一遭。

　　在战斗打响不到2小时就遭到敌方僚舰当头一撞，死50人伤60人，墙倒桅折、千疮百孔。其余各舰也大多损失惨重，个人勇气在劣等装备和盲目轻敌面前还是甘拜下风。

10 第一次政变

恩肯布鲁克是一位轧棉商人。轧棉在当时是一项非常繁荣的产业，利润也非常高，但需要密切注视市场行情。干这一行，要么会举杯欢庆丰厚的劳动回报，要么就血本无归。恩肯布鲁克不善于关注市场行情，所以他的生意失败了。当他有了妻子和孩子后，便去寻找另一个谋生出路，最后他改行成了为军队提供给养的投机商。这也是一项有利可图的行业，但与社会伦理格格不入。干上这档生意后，恩肯布鲁克成了炙手可热的人物，他可以联络满腹怨言的荷兰爱国者党，也能联络掌握政权的法国激进分子。后来，他获得了阿姆斯特丹市雅各宾派俱乐部颁发的国书，就立即和几位臭味相投的人一起赶到巴黎做生意。

恩肯布鲁克是军队的特约供应商，他经常出入法国的首都巴黎，所以，如果他突然从世间蒸发，也没什么大惊小怪的。常驻巴黎的巴达维亚官员听说过他，但从来都没有机会接触到他。当恩肯布鲁克第一次撒谎时，他感觉自己面不改色心不跳，于是就不用介意多说几个谎言。通过谎言，他很快就取得了成功。他第一次为革命提供资金时，就拿出了40万优质荷兰盾，这笔钱足以帮助统一派夺回权力了。随后，他又不断地增加资助金，一直增加到80万荷兰盾。在荷兰，除了他之外，还没有其他人为法国服务，凭借着独一户的生意，他可以轻松赚上几百万荷兰盾。于是，他在小试牛刀之后便开始把供应军队

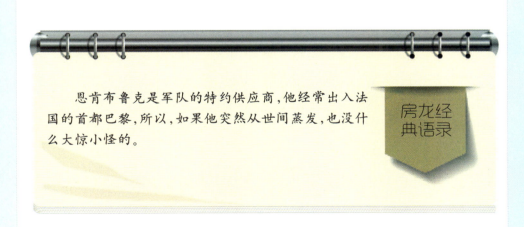

恩肯布鲁克是军队的特约供应商,他经常出入法国的首都巴黎,所以,如果他突然从世间蒸发,也没什么大惊小怪的。

房龙经典语录

给养当成事业来做。常驻在荷兰的法国官员是荷兰雅各宾派的一块心病。在这些法国官员中，有个叫诺埃尔的官员地位显赫，却不是个激进分子。他知道，残酷压榨不能让法国获得好处，只有适度地鼓励贸易发展、促进商业繁荣才是长久之计。他跟他的朋友克琛一样，一年多以前就强烈反对在商业发展上采取"杀鸡取卵"的方式来盘剥荷兰。

对于法兰西共和国来说，巴达维亚共和国成为一个商业发达的国家对法国更为有利，如果让荷兰在革命上来回折腾，反而对法国有害，因为革命对法国富有阶层损害很大，他们需要荷兰为他们提供金钱。诺埃尔不止一次地提醒他的爱国者朋友：他无论如何都不会支持任何暴力行为。恩肯布鲁克在他去巴黎的路上做了一个最重要的请示："把诺埃尔开除了。"虽然诺埃尔按时向法国交了50万荷兰盾现金，但是，法国理事会却立刻意识到诺埃尔娶了一个荷兰女士。对他们来说，让一个因为个人情感而依恋荷兰的人来担任公使并不明智。所以，他们把诺埃尔和他的荷兰夫人一起解雇了，然后派一个曾经主持过外交事务的法国部长来接替他。新任公使是一位很有名的绅士，名叫德拉克洛瓦，他一点都不关心荷兰和荷兰弱智的政局，仅仅把这个职位看成是自己晋升的垫脚石罢了（他可能是想在革命理事会中谋个职位）。因此他决定，只要荷兰还能够偿还债务，能够严格履行巴黎的发号施令就行了，他懒得去干涉法国的政治事务。所以，他也没打算在气候较差的荷兰住很长时间，他离开了自己的夫人，仅带着秘书和一个叫杜克根的人去了荷兰。杜克根是一个间谍，是一个教师，也是一名新闻通讯员，还是一个军队承包商，他知道荷兰的每一个细节，在关键时刻他可以为公使牵线搭桥，帮公使处理事情。

这一行人在1797年初来到荷兰，他们能够来到这里说明荷兰的海岸线还是安全的。另外，爱国者可以继续努力，继续为了统一而进行斗争。这样的斗争不会给任何一方带来胜利，只能造成两败俱伤。荷兰舰队在坎普顿全军覆没，反而成了统一派进行反击的绝好机会。对此，统一派的评论很简洁："联邦派知道自己必然失败。"这句话可以安抚普通人的心理，同时也是他们打响反击联邦派前的咆哮。

他们明确地说道："我们已经预测了荷兰的失败，联邦派、温和派以及有阻国家统一的潜在敌人也必将失败。除非我们只有一个共同的国家、一个国库和一支军队，不然我们一定还会继续遭受失败。"在一份包含9篇文章并签有43个议员名字的文件中，更为激进的统一派提出了他们的政治主张，指出了许多补救措施，还希望避免另一次灾难的发生。至于议会，他们希望只有一院，但实际上现在的议会是由两个院组成的。他们提出的这些政治纲要包含着建立现代尼德兰王国的立国基础。

统一派爱国者俱乐部举双手赞成这些赞成统一的言论。拥护联邦制的人立刻发出了嘘声。温和派绅士出于善意，试图终止所有的过激行为。"市民们，市民们，在我们伟大共和国的盛名之下，让我们谨慎地、慢慢地来吧。所有的政党都耐心一点。宪法委员会差不多已经准备就绪了。再有6个星期，我们就可以看到它了。只希望大家再耐心一点。"

法国部长被这场闹剧逗得很开心，他舒服地坐在窗前观察这场演出。他毫不掩饰自己喜悦的心情，也没有隐藏对荷兰深深的蔑视。在遥远的廷巴克图①，法国军官坦白地对土著酋长说，只有用我们的方法来行事，才能起到明显的效果。法国部长也大体是这样做的，他在宴会上、在自己的官邸、在国外都曾多次极其明确地表示过：荷兰议会要么按照法国宪法的样式如法炮制一部宪法，要么等着享受严重的后果吧。"议会老是热衷于清谈，"部长阁下高兴地说，"议会拖延了重要的事情，让整个国家都悬

---

① 廷巴克图，马里境内的一个历史名城，位于撒哈拉沙漠南缘，曾经是法国的殖民地。——译注

在那里好多年。如果荷兰人自己制定不出一部宪法，那他们最好是让法国帮他们制定一部。"

民众在听到这些言论后，爱国热情受到了感染，立刻开始抨击议会效率低下（这些言论有可能是有人故意制造）。他们围绕在理想中的自由圣坛周围，严肃认真地讨论如何拯救这个国家，如何与祖国共存亡。这样的行为值得肯定，但是由于没有人命令他们去视死如归地保卫国家，他们所讨论的一切都没有意义。整个国家的人都要求制定出一部宪法，并在宪法的基础上组建政府。但是这谈何容易！现在，议会希望深入讨论一下："在纪念路易·卡佩①斩首周年的时候，是否举行一个反对拿骚威廉的公开宣誓。"这是一个棘手的问题，统一派说："应该。"联邦派说："不应该。"他们花了好多天来争论这个毫无意义的问题，最后决定把卡佩和威廉都摆到桌面上进行投票表决。

议会欣然决定，从不同地区找来一些对当前的政治事务非常关心的市民，让他们在议会角落的一间小房子里举行会议。结果，他们选出的人包括法国大使的秘书、巴达维亚军团总司令、议会中统一派领袖等几个人，很多都是阴谋家。坦白地说，现在荷兰的形势非常险恶：在庄严的议会大厅里，这些阴谋家实际上正在为小政变做着最后的准备。法国革命理事会表示，如果不发生流血事件的话，他们会支持政变。可是，难道政变的策划者能够保证联邦派不会进行武力抵抗吗？获胜的统一派不会进行武力报复吗？这时，来自海牙的代表给出了答案："诸位，法国革命是在神圣思想的指导下进行的。同法国革命相比，我们最激进的荷兰雅各宾派也像一只小羊羔。这次小政变更像是星期日学校里的嬉闹场面一样，算不上是真正的革命性政变。"

①路易·卡佩就是路易十六。——译注

68

法国革命是在神圣思想的指导下进行的。同法国革命相比,我们最激进的荷兰雅各宾派也像一只小羊羔。这次小政变更像是星期日学校里的嬉闹场面一样,算不上是真正的革命性政变。

房龙经典语录

"好吧，"巴黎回复说，"那就继续去做吧。"这场黑色幽默剧即将在庄严肃穆的议会大厅里上演。

寒冬的一个晚上（1798年1月21—22日），凌晨2点的时候，达恩德斯指挥着一支特遣分队占领了议员们开会的建筑物。凌晨4点，他们从床上拖出了主管外交事务的6名委员会成员、贵族中的嫌疑分子以及反对统一的人，然后通知他们说，他们已经受到了监禁，不能离开他们的屋子，不过，他们可以继续睡觉。

7点半之后，市民们才睡眼惺忪地打开窗户，他们注意到，空中弥漫着反常的空气，于是他们纷纷请假，躲在家里，等待时局变化。

早上7点45分，参与政变的50名激进统一派成员在一家旅店里会面。以前，这家旅店是哈勒姆市联省议会代表聚集的地点。8点整，政变的队伍开始行动，他们拉着2门加农炮在前面开路，50名政变人士在国民卫队和巴达维亚正规军的簇拥下，庄重地走向议会大厅，其中发动政变的首脑人物走在最前面。在议会大厅入口处，他们遇到了达恩德斯将军，将军穿着金色花边衣服，显得精神抖擞。双方并没有说什么话，便走进了议会大楼。在大厅里，他们宣布实施戒严。他们手里有一份秘密名单，没有出现在这份名单上的人都不得进入议会大厅。不过，宪法委员会的成员可以全部进来。但是议会并不买账。

9点，议会议长美德瑞恩在秘密会议上发表公告，指出国家正处在危险之中，议会要抓紧每个小时处理问题，他还号召全体议会要履行国家的义务。听到公告后，议会大厅的全部议员全体起立，包括没有受到监禁的议员，也包括受到监禁被关在衣帽间里的议员，都公开地宣称尊重执政、联邦主义、分离主义和贵族统治。不过，有10个议员在态度上开始出现动摇。

对于那些态度固执的议员，政变者给了他们两个选择，一是立即放弃联邦主义的立场，二是离开这里，他们都选择了后者。

秘密会议

11点，秘密会议变成了普通会议。旁听席上的人熙熙攘攘，就像是度假的游客一样。衣帽间里的联邦派议员获得了释放，沮丧地回家去了。他们收到通知，从现在开始他们的议员身份被终止了，在军事当局同意之前，他们不得离开荷兰，也不得同市外的联邦派党羽通信。

中午时分，经过清洗的议会开始恢复工作。议会废除了一些旧议会惯例，所废的都是些在近3年中让议会徒有程序而毫无实际价值的惯例。接着又废除了各省的主权。而后，议会又做了一个更重要的决定：组建新议会。1798年1月22日下午，轰鸣的炮声向巴达维亚人民宣布，让人期待已久的第一部"宪政议会"开幕了，一批坚定的统一派人士直到见证了这一切，才放心地散去。

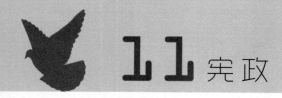

11 宪政

议会议长的口吻传到了巴黎，让法国革命理事会欣喜异常，他们决定立即增加军队数量，让荷兰人负责提供装备和给养。从此，法国正式宣布，在荷兰驻扎的巴达维亚军团占法国总兵力的3/4。让我们回归到一个简单的事实上来。3年以来，巴达维亚共和国处心积虑地编造了无数的花言巧语，现在却成为法国的一个省，这里的居民都是些很粗野的人（巴达维亚公使带领他们在1798年的闹剧中取得了很大的成功）。他们是些从来没有下过决心的人，他们就像个孩子一样被别人带着，他们的政治剧变不得不依仗外国势力。他们仅仅受到了自己邻居的尊重，因为现在他们的邻居正好不名一文。不过，好可惜！他们实在太傻了！法国驻荷兰公使德拉克洛瓦收到一个小礼物之后（一个浑身镶嵌钻石的金质鼻烟壶），便回信给巴黎说，在荷兰当公使很有意思，就像晚上看歌舞剧一样。这仅仅是个开始。接下来还会发生很多事。

我们的国家越来越像法国的一个部门，像个跑龙套的，它究竟做了些什么呢？它还在为了小事而不停地吵吵闹闹，就好像地方教堂里一群爱吵嘴的乡巴佬一样。看到最近几年奥伦治党[①]的境况，

①奥伦治党，是爱尔兰新教徒组成的一个政治集团，旨在维护新教及其王位继承权。1795年，该党在爱尔兰和英国各地秘密组成分支，加强抵制爱尔兰自治法案，坚决反对地方自治。奥伦治党初成立时，曾反对将爱尔兰议会并入英国议会。然而那时的爱尔兰议会是操纵在信仰新教的英国殖民者手里的，所以他们反对联合议会，与爱尔兰人民开展的主张废除联合议会的民族主义运动，其意义迥然不同。

罗马——教皇所在地 ◄

我们很快就联想到罗马教皇，有些人支持罗马教皇恢复统治，因此他们希望意大利王国能够崩溃，这样罗马教皇就能凭借自己的神圣地位重新统治这个国家。不过，在几个世纪以前，罗马教皇的统治就等同于管理不善和贪污腐化。现在，奥伦治党也抱着这种心态，他们坐在角落里，幸灾乐祸地关注着爱国者的一举一动。不过，他们却缺乏走到舞台中央帮助革命党完成建设任务的勇气。

在前面的章节中，我们已经对爱国者的所作所为感到非常愤怒了。即便是历史学家也懒得去通读议会长达23卷的演讲，也懒得去研究瓦尔纳博士记载这3年历史的12卷史书，也懒得去费劲地阅读那些向自由市民做的冗长演讲，也懒得去向自己的祖先大发牢骚。我们的祖先在国家处于危机时，总是讨论、讨论、再讨论，对迫在眉睫的危机却视而不见。

确实，有很多理由可以为爱国者政治家们辩护。他们从来没有接受过任何政治训练，几个世纪以来，他们及其家族都被排除在政府机构之外，他们甚至不能参加市民大会，他们也没有机会在学校中接受议会运作和辩论方面的教育，自从保罗去世后，他们就一直缺乏一个有足够影响力的领袖来把他们的政党拧成一股绳。在第一次政变之后，爱国者党在组织上有了一些改善，他们通过建立一个5人行政委员会来终止政治上的无政府状态。这也许是很奇怪的方法，但是总比以前由几百人组成行政机构要好。在这个委员会的催促下，宪法委员会开始运作，并完成了以前的议会要用几年才能完成的事情。

在政变之后，荷兰人在政治上又展现出温和的天性。以前，有两三个俱乐部和咖啡馆幸灾乐祸地嘲笑统一派遇到的灾难，现在，他们都关门停业，以便进一步观察时局。几个被旧议会开除了的议员被临时安排到森林宫殿里。但是，没有一个反对派因为自己的提案或发言而受到惩罚。

5人行政委员会立即投入到工作中，并试图重新建立没有宗教迫害的社会秩序。7人宪法委员会继续热情高涨地制定一部新宪法，这部宪法在绪言、段落和条款中，都摒弃了所有关于宗教迫害的言语。法国公使积极地支持他们，公使本人也曾制定过多部宪法，他也知道自己的言论在荷兰的影响力很大。

在政变发生6周之后，终于有令人欣喜的成果了，宪法委员会报告说，他们已经制定了一部新宪法草案，并准备向议会提请批准。3月6日，他们提交了一份包括527个条款的文件，议会随后用了3天时间来讨论这些条款。3月17日晚上，议会批准了巴达维亚第二部宪法。在统一派获得胜利的2个月内，宪法就定型并可以对民众公开了。

依据宪法，荷兰在寡头制共和国的地盘上，建立了一个单一制政府。宪法赋予了政府强大的行政权力，这就与立法机构的意愿产生了冲突。立法机构分成两院，两院共同行使职权。不过，所有的权力都最终来源于选民。在宗教和个人事务中，宪法赋予个人完全平等和完全自由的权利。宪法赋予公民绝对自由的政治新闻播报权利，并将这种权利作为控制行政机构和立法机构的最佳方式。

在财政方面，国家财政不再由7个态度各异的省份共同承担，而是实现了财政统一。各省依据新体系进行了划分，但仍然保留了原来的政府机构，以便地方能够方便地应对紧急事务。不过，各个省份都反对荷兰享有过大的权力。

最后，宪法还对政治进行了一项重大改进，建立了一个内阁，许多荷兰人曾经为了建立这个机构而努力了几个世纪之久。8个代理机构（我们可以称之为部）掌管了政府的主要部门。在1798年，通过这种方式，委员会、附属委员会以及附属委员会下设的附属委员会等迷宫似的机构消失了，这些机构在几个世纪以来都是些立法机构，现在要退出历史舞台了。

当新宪法公布出来之后，产生的社会反响与去年大相径庭。除了那些无法前往投票的人之外，12/13的民众都非常支持这部新宪法。1798年5月1日，立宪议会宣布，巴达维亚人民以压倒性的优势批准了这部宪法，立宪议会的辉煌使命也就此结束。现在，巴达维亚共和国像世界上的很多国家一样，真正成为一个现代化国家。

宪法委员会已经制定了一部新宪法草案。

12 第二次政变

　　谁最先指出政府权力过小也会非常危险呢？是里德。不过，与政治相比，他更了解布匹的价格和质地。还有他的兄弟兰格，因为加入了5人行政委员会而享有较高的社会地位，并因此而更加热爱荣誉和社交活动。另外还有革命派人物费涅先生，他过去是虔诚的浸礼会信徒，现在是雅各宾派在议会旁听席上的代表。不过，为什么当雅各宾派的使命结束后，当他们承诺制定的宪法出台后，他们还不从我们的小舞台上消失呢？这本是一个很好的时刻来塑造他们更好的信誉，也是一个很好的契机来验证他们所标榜的伟大事业，也是一个很好的机会来促使他们热爱的国家更加美好。

　　看看接下来发生了些什么：在前议会领袖的压力之下，立宪议会依据宪法宣布自己变成了代表议会，当然，这部宪法是他们自己制定的。他们还悄悄地将自己的成员分配到上下两院中。同时，具有中立性质的5人执政委员会变成一个常设机构。在整个立宪议会中，只有6位议员敢于公开反对议会的这次巧取豪夺，但他们被迅速带出了会议现场。这样做确实太不明智了，因为这给了反对荷兰统一的人一次绝好的机会，让他们攻击立宪议会的程序不合法，并且违背了议会的章程。也给了他们一次机会，来讨论贪污问题，他们含沙射影地说，5名执行理事都不爱国，而是贪图每年1.2万荷兰盾的收入，这些钱是他们进行非法活动时收取的。当统一派无视自己制定的法律，而是

各部门的主管和他们的新秘书一直都非常努力，他们在自己的桌案上忘我地苦干，最终在各自的城市和村庄里制定出了多达1001项条款的法律。

房龙经典语录

按照自己的利益采取行动时，就给反对派提供了机会，打破了他们宣扬自己大公无私的豪言壮语。

此外，他们的地位突然上升，对那些在反对联邦派时发挥过重要作用的领袖们造成了很大的负面作用。没过多久，事实就证明，统一派虽然在理论上取得了一场胜利，但他们并没有像民众所期待的那样将宪法付诸实施。这个国家在长达3个世纪里都保持联省制，现在怎么能一下子就忘记祖宗之法呢，又怎么能立即成为一个组织良好的单一制政府呢。旧官员得以留任，以便新官员经过训练后可以接替他们，不过他们还是按照原来的那套做事。宪法要求他们用不同于以往的方式来完成新工作，结果却往往很不尽如人意。各部门的主管和他们的新秘书一直都非常努力，他们在自己的桌案上忘我地苦干，最终在各自的城市和村庄里制定出了多达1001项条款的法律。可是，这些法律都必须征求荷兰省的意见。一切都已经很清楚了，宪法虽然是个好东西，但由于它过于集权化、过于超前化，反而有些过犹不及、脱离实际。

统一派的领袖们，特别是那些激进爱国者党（虽然政党的名字消失了，但他们的思想却还继续存在）开始怀疑他们的对手，认为他们不守信用。对他们来说，国内事务的混乱局面是由联邦派和奥伦治党的阴谋诡计造成的。随后，他们开始丧失理智，做了一些莫名其妙的事情。他们想展示一下自己的力量，以便向他们的敌人证明他们毫不畏惧。首先，他们严密监视那些被关进森林宫殿里的联邦派议员，又开始商讨对付国家敌人的奇怪计划。他们开除了很多老书记员，因为他们行动迟缓，很可能是同情奥伦治党的人。最后，他们又在荷兰的一块开阔地上很愚蠢地建了一座自由神殿。他们费了很多唇舌向受到惊吓的民众宣示，他们会不惜一切代价来保卫那些最为神圣的权利。不过，正在这个节骨眼上，法国的灿烂笑容开始隐藏到乌云后面，巴黎不再赞成荷兰的所作所为，而是发出了不满的雷声。

现在，让我们先看一个有趣的小插曲，这则插曲比一篇长篇大论更能显示出法国的变化。在经历了大革命风暴之后，法国开始变成一个体系完备、秩序井然的国家，市民也值得尊敬。一年前，德拉克洛瓦被派往共和国来接任法国公使，因为上一任公使不是在正确地点任职的正确人选。现在，可敬的法国外交主管塔列朗又认为德拉克洛瓦没有完全履行好自己的职责，便想撤掉他，让更适合的人来接替他的职位。作为初步措施，他将来自法国尚皮尼地区的奥宾派往荷兰，给他安排的专门任务是暗中监视德拉克洛瓦，并与受到惨败的联邦派取得联系，不过仍然主要支持统一派。接下来的几周里，出现了一个令人愉快的情况。德拉克洛瓦玩弄激进分子，而奥宾则玩弄保守分子。现在，因为这样或那样的原因而对现实很不满的人中，恰巧有爱管闲事的达恩德斯将军。达恩德斯在第一次政变中扮演了重要的角色，在政变之后，他发现巴达维亚军团总司令一职没有落到他的手里，而是暂时落到了法国司令的手中。他对自己居于次要地位的现状很不满，因而成为荷兰主管和统一派的敌人。一天清晨，主管们得到通知，说将军没有获得他们的允许就出走了，并且据说他是迅速朝着巴黎的方向走的。主管们听到这条线索，通过他们的经历能够推测出，达恩德斯不是去巴黎这座名城观光的。他们开始思考，他们不是每天都和达恩德斯会面，和法国公使交换意见吗？难道达恩德斯不是他们的莫逆之交吗？难道法国更喜欢支持他，而不是现在的巴达维亚政府吗？的确如此。不过，主管们不知道，法国政府已经不再承认德拉克洛瓦，只是等着一个合适的机会罢免他了。

还好，达恩德斯顺利到达了巴黎，并且见到了法国主管。几天后，一封信函从海牙传了过来，要求以逃兵的罪名逮捕达恩德斯。法国官员接到信函后，就随手将信扔到了废纸篓中了，然后悄悄地与达恩德斯进行了协商。过了几天，当达恩德斯返回海牙后，进行第二次政变的所有细节都已经确定下来了。

达恩德斯按时回到了荷兰，并在接下来的一个大型宴会上成为受人尊敬的客人。这个宴会是由几个绅士举行的，他们把自己称为"宪法之友"，这次宴会的主题就是庆功。在宴会上，达恩德斯像往常一样把自己打扮成凯旋的英雄。确实，爱国者党在花天酒地上吵闹的声音很大，住在附近的主管能清楚地听到他们在宴会上不雅的吵闹声。从纪律的问题上看，一个将军在没有获得批准的情况下就离职是不适合的，应该在他返回后受到强烈的谴责。他们决定在第二天早上就逮捕达恩德斯及出席宴会的人。天不从人愿。就在达恩德斯需要被投入大狱的那一天，主管们正在法国公使的陪同下吃着饭，达恩德斯将军带着几名士兵走了进来。将军狂暴异常，他掀翻了所有的桌子和椅子，将盘子摔了一地，美酒溅得到处都是。几个主管从窗口逃了出去，跳到院子里的花坛上。不过，院子里有更多的士兵，他们立即将这些主管逮捕并关押起来。其他的人不想拿他们的肢体安全开玩笑，便没有跳，他们转而请求法国公使保护他们。不过，法国公使都觉得自身难保，只是简单地建议他们赶快闭嘴。公使自己从门口溜了出去，在大街上被抓住了。还有两个主管躲到了阁楼中，士兵没有搜到他们。等到士兵离开后，他们才从后门逃了出去。

用武力来攻击这些主管是达恩德斯行动的一部分。在军队的护送下，他立即赶往议会。上院已经终止了这一天的所有活动，不过下院议长对此非常反感，他开始大声演讲，以示抗议。2名士兵强行中断了他，将他从座位上推开。几名议员在梅登雷的带领下，很英勇地反抗这些士兵，并坚决拒绝离开。在2个月前，他们用同样的方式带领统一派解散了联邦派控制的立宪议会。达恩德斯并没有动用暴力，他在入口处设置了路障，整个议会陷入一片昏暗之中，协商、争论和相互指责，这也是达恩德斯想要看到的局面。议员们又累又饿，他们懊恼地放弃了反抗，慢慢地离开了大厅。24个很有名的统一派成员遭到逮捕，这个城市再一次恢复了平静。

遭到逮捕的人被带到森林宫殿里。在这个难忘的晚上，这座著名的宫殿就像美国漫画家画的虐待俱乐部似的，可以把任何人关进去。1月23日的联邦派受害者和6月12日统一派的受害者紧挨着坐在了同一张桌子上。这两派狱友在同一个屋檐下，吃着相同的饭菜。

到了晚上9点，第二次政变结束，每个人都进入了梦想。这一天是最为暴力的一天，宪政政府也惨遭扼杀。

卡莱尔先生会怎么处理这样一次革命呢？

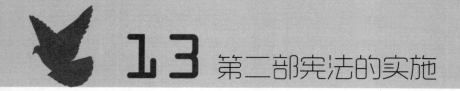

13 第二部宪法的实施

　　1798年6月的选举几乎是议会的大换血。选民已经厌倦了那些貌似将要终结国家灾难的尝试，也厌倦了达恩德斯来领导的一群阴谋家耀武扬威。他们选出了许多虽然不出名，但却"货真价实"的人，这些人从来没有放弃过对祖国未来的憧憬。选民们相信，他们可以用和平的方式管理好这个国家，他们会努力重建国家的秩序，他们会让普通市民安心经营自己的事业，而不是进行那些无聊的选举活动。

　　在同年7月31日召集的两院中，曾经因憎恶第一届议会而离开的温和派占据了议会的主要席位。一个观点温和的著名绅士被选举为议长，议会代表们也开始着手开展工作。上届议会中的许多议员仍然被关在森林中，他们还舒舒服服地住在宫殿里，并且已经消费了这个国家一大笔钱。这届议会必须首先考虑一下如何处理他们。远在巴黎的法国主管暗示荷兰议会对此事既往不咎，将那些人全都释放。监禁这些人的门因此被打开了，囚犯们浅浅地鞠了一躬，然后纷纷离开，他们还有很多事情要去做呢。在这里，我们感谢他们的精彩表演，但戏剧没有结束，演技更高的演员们继续来演这场戏。

　　当简单地处理好这件事后，议会需要选举5个新的政府主管。这时，出现了一个难题。宪法规定，要想成为国家最好的执政人员，年龄必须达到40岁。此时，那些有经验的老政治家

许多议员被关在森林宫殿里

不肯出面，年轻的政治家却都没有达到40岁。最终，议会还是选出来5个名副其实的绅士，他们没有很好或者很差的名声，这也正是此时的国家所需要的。

　　新的议会和新的主管开始尽自己的所能来履行职责。他们禁止议会内外的所有不良行为。他们将探讨范围限定在奥伦治主义、联邦主义、分离主义和贵族制度范围内，在接下来的3年中，他们非常真诚地试图建立新秩序，为此，他们在宪法条款规定的范围内倾尽了自己的全力。依据法律，每年都必须换掉一个主管。这些变化并未引起不当的骚乱，新任主管和他们的前任没什么大的差异。他们都是国家许多部委里的助理秘书，或者是各省法庭上的法官，个个能力超群。不过，他们还是不具备足够的能力把这个落魄的共和国从命中注定的毁灭中拯救出来。

当我们正在欣赏国内那些小木偶被躲在幕后的法国表演者用他们那灵巧的手指操纵着在舞台上蹿下跳之际，世界大舞台上又发生了怎样的变化呢？这变化可谓天翻地覆。有一个出身卑微的陆军中尉①，他拿着半薪的工资，举止粗鲁，语无伦次，但野心勃勃，总是一门心思地往上爬，直到有一天他当上了法国军队的总司令。他把周围的所有小国都纳为法国的附庸，迫使斯芬克司来听他的诡辩。他甚至让法国的宿敌因为对他畏惧而忘却了所有的新仇旧怨，再度携手结成同盟，这些国家有英国、普鲁士、俄国和土耳其。巴达维亚共和国与法国订立了攻守同盟条约，发现自己被推入欧洲大陆更大的战乱之中。如果现在有什么事情不能如法国所愿，那么就会引发新的战争。

强大的英国海军一度封锁了荷兰沿岸。荷兰舰队被围困在太克斯港，注定会再度一败涂地。对这支军队而言，虽然号称有2万人，但大多是临时征募的未经训练的新兵，对于即将到来的战斗可谓事无补。

法国很多年以来一直在反复谋划着入侵英伦群岛，只要派两三个人打入英国内部就行了。1799年8月27日，司令官正在不厌其烦地构想如何敷衍专横跋扈的巴达维亚共和国政府。从海

① 指拿破仑·波拿巴。——译注

84

强大的英国海军一度封锁了荷兰沿岸。

德尔赶来的信使报告说一大群敌方舰队出现在荷兰沿岸。政府把不切实际的指令传给达恩德斯，让他立即率军组织抵抗。不过这位将军倒没有被愤懑冲昏头脑，他反复地进行诉苦："士兵没有甲衣，骑兵没有马匹，马匹也没有草料。"在他获得购买部分军需用品的拨款之前，英国舰队已经击溃荷兰守军，并将15000名英俄联军送上了荷兰海岸。一周之内，敌方援兵更是源源不断，很快他们在巴达维亚共和国边境集结了大约5万名士兵，可以在2天内直捣阿姆斯特丹。

达恩德斯将军带领着他所能召集到的所有人勇敢地走上前去，躲进乡间壕堑和古老村庄狭窄的街道，与侵略者展开了游击战。法军据说正在赶来增援，但何时能到还是个未知数。荷兰处于危险之中，不过英俄联军也由于消耗巨大而感到日渐不支，很可能会由乘兴而来变成败兴而归。这部分归因于英国指挥官的拖沓和英俄联军之间的沟通不畅。对这两个再度联手的盟国而言，最糟的莫过于不慎犯错，在凡尔登战役之前就遭受过大的损失。奥伦治家族的年轻亲王参与进来，一些愤青也试图通过发布高调的宣言来改善局面。这份宣言把革命看作是某些野心家的阴谋诡计，这些野心家仅仅为着个人利益而企图颠覆原有政权。宣言号召所有国民把法国侵略者赶出家园，重新对"最高统治者"宣誓效忠。这个"最高统治者"已经不是原先的威廉五世，但人们还是不愿意重返刚刚被遗忘的执政时代。联邦制和联合行省制都够糟的了，然而现在来之不易的相对自由又让人民怀念以前的时光。那时，所有选民和议员都只是剧场里沉默的看客，观看着一场与他们无关也绝非他们想看的戏。巴达维亚共和国的公民一致反对他们所敬爱的执政提出的宣言，并做准备保家卫国，将

　卡拉耶霍夫，原来是阿姆斯特丹革命派的中坚人物，现在已是一名合格的准将级工程师，他为了阻止英俄联军进攻，而放水淹没了阿姆斯特丹周边地区。英国人却在迂拙而又自负的指挥官约克的带领下为选择进攻方式和路线而争论不休。

一切化装成政治演说家的侵略者赶出去。

　　世袭亲王滞留在历史悠久的阿尔克马尔小镇①静待时机，他等了一个星期，却什么也没有等到，反而是英俄联军由于给养不足开始大肆劫掠荷兰农户。又过了一个星期，事实已经很清楚地摆在面前，亲王和他的军队在这里得不到任何支持。与此同时，法军却日益强大。法军指挥官是杰克宾·布鲁

①荷兰北部城镇，位于阿姆斯特丹西北偏北，于1254年获得特许权，以奶酪市场闻名。——译注

恩，他就像爱喝白兰地酒那样热爱指挥战争。在他的指挥下，形势迅速朝着有利于共和国的方向逆转。卡拉耶霍夫，原来是阿姆斯特丹革命派的中坚人物，现在已是一名合格的准将级工程师，他为了阻止英俄联军进攻，而放水淹没了阿姆斯特丹周边地区。英国人却在迂拙而又自负的指挥官约克的带领下为选择进攻方式和路线而争论不休。直到最后，联军发现他们必须放弃进攻，因为此时，海水已经漫到他们身后，两边都是不可逾越的沙丘和沼泽，前面则有强大的法军和稍弱一点的巴达维亚军队。当他们试图抽身而退时，却在几场小规模战斗中损失惨重。在之后一个月里，他们从登海尔德攻向阿尔克马尔，最后又被迫退回来，将大批伤病员塞满船舱运走。他们咒骂着这个令人抓狂的鬼地方，这里经常下雨，而饮用水却必须穿越北海从英国运来。即使是不下雨，泉水也会从地底下喷涌而出，将他们的营帐、野战医院和战壕冲得七零八落，面目全非。

巴达维亚共和国军队为此备感自豪并广受赞誉，他们超预期地完成了历史和人民所赋予的战斗使命。不过静下心来想想，除了这次仅有的胜利之外，难道他们所有的功绩就仅限于此吗？在陆上，他们痛击英国侵略者，可是在远东，英国舰队却在四处蚕食荷兰的殖民地，直到这个昔日的殖民帝国土崩瓦解，仅保有日本的出岛①。在边境几百平方英尺的地带，荷兰的红、白、蓝三色旗仍在高高飘扬，其余地区却已是一片汪洋。

1801年10月1日，在惨遭封锁7年后，海洋又一次向荷兰敞开了怀抱，荷兰可以再一次拜访世界上的任何一个角落。

这个国家又一次返回到国际舞台上。

---

① 出岛，日本长崎湾上的一个弧形人工岛，江户时代是荷兰的一个贸易港口。——译注

15 第三部宪法

1799年11月9日，法国军队的总司令拿破仑认为，执政府的官员们太无能，该把他们赶走了。趁着雅各宾派的一帮乌合之众在街头抗议之机，拿破仑架起两座大炮对付他们。当这帮乌合之众讥笑他的武器时，拿破仑真的开火了，打得这帮人立刻跑得无影无踪。第二天，拿破仑解散了立法机关，法国大革命就此结束。

作为自然人，拿破仑是拉莫利诺·莱蒂齐亚夫人和一个科西嘉普通律师的第二个儿子。作为政治性的拿破仑，他有两位母亲，一位是精神之母，另一位是养育之母。拿破仑的精神之母就在协和广场上，那里见证了精致的毛织袜，也见证了从断头台上砍落下来的脑袋。当拿破仑发达了之后，他没有忘记这位精神之母，用各种方式来表达对她的爱戴。不过，拿破仑却辜负了直接帮助他飞黄腾达的养育之母，如果没有她，拿破仑恐怕成不了什么大人物，只是约瑟芬的丈夫罢了。甚至当养育之母成为他成功的阻碍时，拿破仑便把她发配到一个让人遗忘的角落里去了，不过这个角落从来没有远离革命风暴的肆虐。

拿破仑·波拿巴对荷兰的了解不是很多。从某种意义上说，地理并不是拿破仑的强项。他像巴黎的其他人一样，对巴达维亚共和国有所耳闻。同时，他也像其他人一样，了解巴达维亚式的拖延战术，知道他们碌碌无为、笨手笨脚，也知道这

法国军队总司令拿破仑

种现象偶尔也会在巴黎出现。轧棉机的司炉们是私人政治俱乐部的代表，他们正在为议会革命做着准备。将军再次离职，跑到巴黎去筹划另一次议会剧变，将军这样的人并不是未来的皇帝喜欢的类型。

我们发现，拿破仑一点都不喜欢荷兰的这些作风。不过，还是有一两个荷兰将军赢得了他的喜欢，甚至还有一位将军成了他的好朋友。拿破仑欣赏荷兰的工程兵，因为他们能够建起坚固的防御工事，搭起结实的浮桥。不过，从总体上看，荷兰人拖沓的作风让拿破仑这位急性子皇帝感到很不耐烦。这些没出息的荷兰人只为自己的一点点权利或特权而喋喋不休，当他们只是一心准备着进行沽名钓誉时，拿破仑便毫不掩饰地表现出对他们的鄙视。

拿破仑只对荷兰共和国的一样东西感兴趣——荷兰的财产。首先，他想用荷兰的黄金来支持他的远征，以便对付远近的强敌。其次，他想利用荷兰重要的战略位置来对付英国。当拿破仑当上第一执政后，他就迫不及待地向荷兰贷款，并索要自愿性捐助，对此，荷兰都平淡地拒绝了。阿姆斯特丹的银行家们现在不想考虑法国的贷款，荷兰议会便解释说，他们筹集不到执政需要的5000万荷兰盾。简单地说，荷兰能筹集到这笔钱。于是，拿破仑通过严格执行条约的方式来报复荷兰，依据这一条约，荷兰必须为25000名士兵提供装备和给养。这种方式反而使荷兰支出更多的财政收入，许多荷兰市民不得不将自己一半以上的收入拿出来交税。荷兰支付这笔钱的时候当然很不舒服。无论从哪方面看，第二部宪法都是失败的。宪法承诺要建立的机构一个都没有建立起来；财政体制改革只停留在纸面上，一点都没有进行；改编民兵的提议也是遥遥无期。新的司法程序还没试行过，新的国家法院还没有建立起来。民法典和刑法典还没有开始编纂。公共教育还是在一个主管的掌控之下。跟以前相比，没有丝毫进步。市政改革还没有开始。跟以前相比，由不同部门组成的单一制政府已经更加成形了，但这些进步仍然停留在发展的第一步上。宪法许诺给予人们的所有东西都没有兑现。以宪法为基础建立的政府过于复杂。看来，似乎必须对巴达维亚共和国进行第三次调整了。荷兰人去征集波拿巴的意见，这时波拿巴正在依据自己的意愿进行一些小的改变。如果他要理发，就需要有一块荷兰这样的亚麻布。由此，他开始知道，让荷兰进行一次革命，对法国更有利。对于荷兰富人来说，维持一个稳定而巩固的政府有很大的好处，如果他们希望抛弃以前的革命观念，让政府更加保守，他们当然会支持拿破仑的改革。

这次算不上是政变。立法议会被召集起来，这是一次两院的联合会议，肃穆得就像是主教府一样，议会的主要任务是修改宪法。

1801年3月16日，议会任命一个委员会负责起草一部更加实用的宪法，这部宪法必须更加符合人类历史发展的趋势。委员会任用法国大使为顾问，热情高涨地工作起来。宪法制定进程必须及时向波拿巴报告，以保证一切都是在他的意愿下进行。但是当宪法修改完毕后，立法议会经过商讨，最终以5：2的结果否定了这部新宪法。

议会做不到的事情，荷兰主管们可以去做，确实如此。不过，在5位主管中有2位好像反对修改宪法。"3个主管比5个更好。"巴黎对此做出了这

新闻记者提交的宪法草案完全是抄袭的。

样的回复。然后，巴黎便转而告诉这2个反对者：巴黎方面不会再征求他们的意见了。其他3个主管雇用了一个新闻记者，让他来制定一部新的宪法。这个人曾经也是盛极一时，现在已经没落成二流人物了。他以前经常为不同时期的议会议员写政治发言稿，并借此谋生，现在他又开始通过接触政治来赚点外快。他的速度很快，还没到要求他上交宪法的时候，他便把宪法草案交到3位主管手中了，不过这部草案完全是抄袭的。3位主管将草案交到巴黎，拿破仑对整部草案表示肯定，只是改了其中的几个小条款。现在，根据上部宪法的规定，这个草案要提交给议员，获得他们的肯定。然而，主管并没有这样做，而是将宪法印刷出来，直接发放给选民进行投票批准。那2个被抛弃的主管和议员们对此表示反对，但这次他们连在议会中进行抗议的机会都没有了。议会大门被主管们锁了以来，一点开门的迹象都没有。议员们可以在大街上抗议，不过他们并没有这样做。

1801年10月1日，表决结果出来了。反对票是赞成票的5倍，因此结果是否决这部宪法。

此时，第一执政拿破仑还没有入主杜叶里宫。

在荷兰共和国一共有多少选民呢？答曰：416419。

有多少人投票了呢？答曰：68990。

好的，在没有投票的人之中，看看有多少人会投赞成票，然后再看看投票结果如何？这倒不失为一个好的方法，结果是完全可以批准这部宪法。

16 第三部宪法的实施

　　新宪法的条款数减少到106项。往日平民都有神圣的选举权,现在这项权利却被剥夺了。一个12人组成的机构把持了主要的行政和立法权。这12个人是由不同省份任命的。现在,荷兰各省份虽然进行了重建,但他们还保留着自己原来的疆界,也保留着以前的主权。原来的两院缩减成一个立法机构,拥有35名成员。该机构有权表决行政机构提交的法律草案,但不能草拟或修改法律。在各部中,以前由个人担任部长的做法被废除了,取而代之的是一个由3~6名成员组成的内阁。市政实现自治。所有的宗教派别重新获得了他们在1795年革命前的财产。政府的其他事务、选举的具体形式和一些不重要的细节则留到未来,让相关人员来处理吧。

　　同一天,在巴达维亚共和国的缺席选民拯救了第三部宪法的同时,法国和英国初步的和平条约签订了。在惨遭封锁7年后,海洋又一次向荷兰敞开了怀抱,荷兰可以再一次拜访世界上的任何一个角落。

　　这个国家又一次返回到国际舞台上。

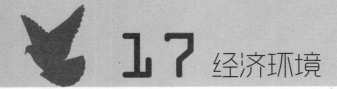

17 经济环境

对恢复元气的国家而言，重振大国雄风无疑是最为瑰丽的宏愿。而对一个牛奶工而言，7年才送一回奶，哪个客户肯来买？对荷兰商人而言，几百年来他们就一直在充当海上马车夫和商品经纪人的角色，他们在面包、肉类和食杂等荷兰盛产的农牧产品买卖中发挥着重要作用。不过，当他们在7年后重新回归市场，才发现他们的老客户早已经等得不耐烦了，转而向他们的竞争对手订货。现在，这些老客户丝毫没有与他们重开交易的念头。船只在港内沉寂7年之久已经朽烂不堪，需要进行重新修复才能扬帆远航，荷兰商人也再度囤积起大量货物，可是他们很快就发现他们根本找不到买家。

在共和国衰亡之际，我们试图描述荷兰是如何逐步失去市场的。我们还要力图描述，在合法贸易权被剥夺之后，荷兰商人主要进行大规模的走私生意。直至他们破产，一切势力都付诸东流的时候，他们才蓦然发现诚信不仅是最重要，也是唯一的必须坚持的贸易准则，只有坚持这一准则才能使事业兴旺发达。商业巨头自然可以在经济衰退中勉力维持，但对那些仅靠一点流动资金来维持生计的中小同业者而言，眼前只有两条路可走：要么一起倒闭，要么冒险走私。他们自然而然地选择了后者。很快，他们便发现在巨大的海外贸易市场，诚信实在是可望而不可即。

起初他们打着中立的旗号进行贸易，但在这场旷日持久的

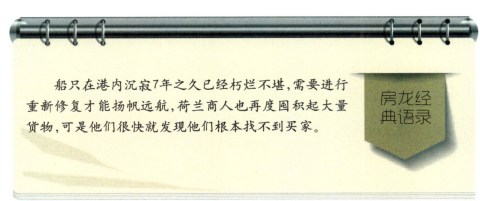

船只在港内沉寂7年之久已经朽烂不堪,需要进行重新修复才能扬帆远航,荷兰商人也再度囤积起大量货物,可是他们很快就发现他们根本找不到买家。

房龙经典语录

英法战争中，英国对国际法准则毫不理会，每条被怀疑为由荷兰船只伪装成的而非真正意义上的中立国船只都被没收充公，拖到英国去公开拍卖。荷兰商人也曾试着伪造不同的公文、通行证和航海令，但这种小伎俩很快就被控制着制海权的英国海上警察识破，荷兰人不得不放弃这种过于危险的营生。之后聪明的荷兰人想出一个妙招，这种方法既简单又实用，我们不妨略作讲述：

两位来自阿姆斯特丹的诚实体面的商人A和B合伙做生意。A扮作英国人去往伦敦，B则待在荷兰。A在英国搞到一条缉私船，B则在荷兰将货物装船并大购保险。B的船只从荷兰港口起航并顺理成章地成为A的猎物。B的船只和货物都被A带回英国公开拍卖。A获得拍卖款项作为其冒险行动的酬劳，B则找保险公司索赔。在扣除可以忽略不计的购船成本后，这对合伙人获得了大约两倍于本金的投资收益。一年下来，两人分赃，个个致富。这种方法固然不错，就是因为其太容易仿效而成为"红海"，最后连保险公司也发现其中的猫腻而拒赔，这种营生只好偃旗息鼓。

从此以后，海上贸易就不得不冒着被捕获的危险，去穿越英国舰队封锁着的北海，才能到达安全的外国港口。到1801年，只有几条船敢于挂着荷兰国旗穿越北海。没有一条捕鲸船出现在格陵兰岛附近，荷兰渔民也在北海绝迹。海上通道被封锁，地中海地区再难听到荷兰人那熟悉的话语。波罗的海沿岸，曾是荷兰海上马车夫地位确立的见证，如今也再难见到荷兰人那久违的商船，正是他们在几百年来一直为这里的人民运来每日所需的面包。海上马车夫消失了，随之而来的是造船业的衰退，而为制造老式帆船提供材料的生产部门如木材、网具、缆索、沥青等工业也受到毁灭性打击。18世纪对他们来说已经够难熬了，19世纪初还不如杀了他们算了。荷兰制造业中心莱顿、哈勒姆等变得死气沉沉，难以居住。在空荡荡的大街上，遍地生青苔，旧家族日渐式微，他们还能靠着前代人的积蓄坐吃山空。无数人忍饥挨饿，无家可归，形容憔悴，精神崩溃，万幸还有慈善机构的救济勉强维生。整个城市的生活，曾经是那样地富足与开放，如今却只有沉浸在对往昔幸福世界的回忆之中。宗教势力仍旧统治着人民的内心世界，在家庭的茶几上，仍摆放着用呆板字体签名的《圣经》。就在不久前，也正是在这部《圣经》的召唤下，他们的先祖凭借着无限生机和巨大精神动力去反抗西班牙暴政，这在欧洲的历史上可谓无人能及。所有的乐观主义都已然消退，沮丧的情绪攫住了人民的内心。个人反抗残酷统治的努力归于失败，这一可怕的场景大约持续了三代人。万幸的是，时至今日，我们终于等来其终结。

我们在上文中提到的海外殖民地在这期间也同样遭到了毁灭性打击。西印度公司已经倒闭快20年了，盛产糖类作物的南美洲殖民地也在1801年被英国用武力强夺，就如我们在第二次英荷战争之前贱卖了纽约一样①。荷兰丢了殖民地，自然也没了相应的利益。在1798年，根据第一部宪法第247款之规定，东印度公司也终止存续。这个巨大的商业机构，以最小的投入获取最大的收益，终于如风中之烛般永远熄灭了。这对阿姆斯特丹来说是难以估量的损失。在这最后的几年中，公司经营每况愈下，由于流动性不足而不得不大举外债。阿姆斯特丹曾经在公司正常时期获取了丰厚的回报，如今却必须为债务埋单。尽管城市银行还有足够的现金供应量，但是国外证券业务因长年战乱而大受损失，其国内证券业务则由于制造业和造船业的衰退而难以为继。革命战争带来的不确定性导致国际金融业务的中断，国家银行只能通过些未必可靠的权宜之计苟延残喘。金融业——这一荷兰赖以生存支柱的动摇，严重侵蚀着国家的经济基础，而经济基础的不稳固又反过来制约着银行业的发展。

① 在1665—1667年第二次英荷战争前夕，英国夺走荷兰在北美的殖民地新阿姆斯特丹，改名纽约。战后，荷兰在美洲的殖民地，只剩下了南美的荷属圭亚那。——译注

到1801年，只有几条船敢于挂着荷兰国旗穿越北海。没有一条捕鲸船出现在格陵兰岛附近，荷兰渔民也在北海绝迹。海上通道被封锁，地中海地区再难听到荷兰人那熟悉的话语。

　　大型商业公司的倒闭逐渐频繁，每一次的倒闭又引发业内的连锁反应。没有市场会接纳这些被大宗抛售的垃圾股，因此想动用先人积累下来的资产也变得困难重重。投资外国公司的股票年复一年地不分红，税率逐年提高，利空接二连三，就是世界上最繁荣昌盛的国家也难以承受。当人民陷于水深火热之中，政府和法国盟友又有何种应对举措呢？法国是听之任之，荷兰本国政府有时会向英国政府温和抗议，要求英方不能强行没收中立国家的船只，当然这些抗议只是石沉大海，杳无回音。

　　事实胜于雄辩，就让这几年的统计数据来说明我们国家是如何败亡的吧。以下是1795—1798年国内财政收支数据（单位：荷兰盾）：

1795—1798年国内财政收支数据（单位：荷兰盾）

年份	财政支出	财政收入	赤字
1795	5100万	1700万	3400万
1796	同上		
1797	4200万	2000万	2200万
1798	3100万	2100万	1000万

　　但是，1799年英俄两国入侵荷兰，大量财政收入被挪用到应对国家紧急状态上来，财政支出高达8000万荷兰盾，而当年岁入则仅有3600万荷兰盾，赤字高达4400万荷兰盾。这些亏空逐年累加，以致不得不靠借债来弥补，直到最后连旧债的利息都要靠大量举债来偿还。即使是据称共和国在几百年来共积累了大约30亿荷兰盾的家底，也经不起如此脆弱财政体系的一番折腾，结果落得个寅吃卯粮、经济崩溃的下场。

18 社会生活

人类仅仅是受经济利益驱动的碳水化合物，还是有着更高精神追求的生物呢？这个问题对于我们这些年轻没有经验的人来说，一时无法进行回答。一旦身处变革中的人们或多或少地偏离了经济正轨，就一定会引发人民对改革的自发性抵制，进而使人类社会的发展误入歧途。在革命时期，过去优雅的生活方式被打破了，得体的穿着、旧有的风尚和狭窄的道路都不复存在。不过，新的体系无法快速建立起来，人们便只能彷徨，从一个极端走向另一个极端。

在1795年的巴达维亚共和国，国家宣布桎梏已被解除，每个人都可以随心所欲，率性而为。上流社会的规矩也被民众弃如敝屣，巴达维亚共和国公民既不再受到旧主子的奴役，也不会受到旧习俗的束缚。然而，如果原先等级森严的阶级界限在一夜之间突然消失，200万公民蓦然获得了一样的平等身份，那么一场可怕的社会动乱必然会爆发。在最初的几个月里，问题还没有浮出水面，人民仍然沉浸在幸福的狂热之中。人们似乎忘记了，在历史上，任何社会问题的解决都是不断妥协折中的结果，然后才能带来历史性的进步——人们不能允许某一阶级存在特权。巴达维亚共和国取消了官阶和品级，取消了军队中徽章和军服的差异，这一切似乎看起来都非常顺应民心，非常高尚，也非常人道。不过，变革如果来得太突然，必然会为随后出现的变乱埋下伏笔。

在过去的50年里，爱国的出版物一直狂傲无礼地抨击着摄

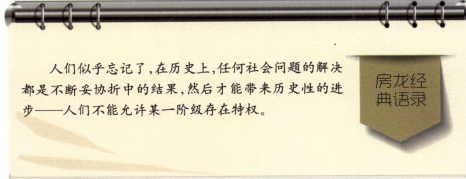

　　人们似乎忘记了,在历史上,任何社会问题的解决都是不断妥协折中的结果,然后才能带来历史性的进步——人们不能允许某一阶级存在特权。

房龙经典语录

政们，不过，摄政们认为自己很无辜，他们仅仅是执政的下属，因而不甘心退出历史舞台。在这场斗争中，一切优雅的举止都消失了，斗争最终演变为一场充满暴力血腥、互相攻讦的混战。摄政们尽管已是日薄西山、雄风不再，直到最后仍然坚持认为每个阶层都应该具备良好的个人品行。1795年的政变将一帮举止粗暴、言行鄙俗的人推上了领袖的位置，他们把一切繁文缛节都扫进历史的垃圾堆。他们认为，国家公职人员只要记住一种教义就可以了（当然是他们自己的教义），不需要那些彬彬有礼的人。他们认为，聪明人只要善于运用一种教义就可以了（当然也是他们自己的教义），就能获得一个职位。当有修养有道德的人被粗鲁地赶下历史舞台后，学校的教育立刻受到了冲击。现在，要获得一个较高的职位已经不再需要受过良好的教育，结果各大学不能再坚持过去高标准、严要求的办学原则。一旦大学降低了教育标准，其余各类学校便会群起效尤，荷兰教育体系立即就表现出崩溃的迹象。在这样的时代，谁还会去写好书，作好诗呢？社会只需要一些粗制滥造的作品。谁还会去苦苦追寻丹青妙笔呢？人们只欣赏便宜庸俗的画作。18世纪所留存的经典作品早已无人问津，取而代之的，是充斥着大量低级趣味的、迎合广大选民低俗品位的涂鸦之作。这些涂鸦之作畅销一时，作者因为奉承了大众的喜好而大赚一笔，大众也果真以为作者才高八斗，把他们的艺术品看成是不朽杰作。现在我们根本想不起巴达维亚共和国时期到底出现了什么可以称得上是艺术品的东西，那些仅仅是表现时事的应景之作根本就没有任何艺术价值。

"主权在民"是万世永存的真理，任何艺术精品只要对虚伪狡诈的暴君有一点点的尊敬，就会立即成为禁书。广大民众却没有意识到这一点，他们以极大的热忱欣赏着一张张极尽谄媚的宣传画。不过子孙后代可不会跟他们一样，那些17、18世纪的艺术珍品被他们的子孙精心地存放起来，巴达维亚共和国的画作只有任凭老鼠啃食的命运了。

抛开这些意识形态领域里的东西不谈（或许一个兴旺发达的伟大民族会

缺乏高尚的艺术品位），由于荷兰丧失了大量的海外殖民，此时的社会生活也受到了意想不到的冲击。在过去商品经济发达的年代，虽然也有很多奸商通过各种不法手段来大捞外快，但是对于整个商界而言，业界领袖一直维护着较高的信用体系，所以没有人敢露骨地冒天下之大不韪来招摇撞骗。到了1795年，一切都变了样。新一代人都不再墨守成规，他们把以前的贸易准则统统扔到商船的外面。军需承包商和各类投机分子进入荷兰政界，他们以自己的实际行动向人们传输一种危险的思想：只要窃取政治权力，就能一夜暴富。人们都趋之若鹜，争先恐后，毕竟没有人情愿看到自己的晚餐不如邻居家的丰盛。如果军鞋供应商能够囤积一车而不是一双鞋，他会受到合伙人更多的尊敬。那么人们便会问：为什么我们要批评他们做生意的方法呢？他们受到的惩罚并不是社会对他们的轻辱，相反，他还可能因为使用了有效的生财手段而赢得尊敬。但是，邻居家的大男孩很快就能学会这种投机伎俩，从此他们便会对荷兰的传统和积少成多的盈利模式不屑一顾。这是对社会风气的败坏。

在混乱无序的状况下，良好的社会风气遭到了毁灭性的打击，整个社会都在讥讽旧风气过于严苛。新一代的荷兰人虽然仍然有进取精神，但他们认为前辈的乏味的商业兴趣早已落伍了。"这些可怜的老朽不敢正视现实。他们为什么要坚持住在乌托邦呢？乌托邦也是个乏味的地方。"直到最后，许多有良知的人始终不愿意去"顺应时势"，他们远离现实，带着他们的族人归隐田园，等待时机东山再起，可惜有勇气这样做的实在太少了。一个阶级在肆意放纵自己的物欲，他们拼命地攫取自己在贫困时朝思暮想的财物，并借此而发家致富，这个阶级的所作所为代表了巴达维亚共和国的时代旋律。这些暴发户式的新阶级在生活没有任何节制，他们的金钱和道德来得快去得也快，他们仅凭着个人喜好去做事，从来不受行为规范的约束。就在这时，1万名法国政府官员突然涌入荷兰，同时又有不计其数的法国士兵尾随而入，让这个本来就柔弱的社会雪上加霜。

　　法国军队素来都以军纪严明而著称，但是，现在的法国人在巴黎逍遥惯了，他们的首都巴黎刚刚经历了玛克西米利安·罗伯斯庇尔清教主义的熏染，对旧有道德观念也不抱有任何好感。昔日崇尚节俭、尊重长辈的日子已经不复存在。在新分配制度下，人们生活水平也基本扯平，人人都在竭尽所能地为自己捞好处。

　　在巴达维亚共和国的头一年里，就有一批人成了暴发户。这些大人物行为粗俗，整日醉生梦死，为多喝几瓶香槟酒而舍得花钱如流水。真是朱门酒肉臭，路有冻死骨。在暴发户的豪宅外，还有大批的饥民在徘徊游荡，他们一边喝着别人剩下的残酒，吃着残羹剩饭，一边幻想着有一天能时来运转，让他们也过上富人们的生活。国家的贫富分化不断恶化，社会生活不再充满活力。尽管道德与财力已经处在崩溃的边缘，人们还只是在愚蠢地寻欢作乐，夜夜笙歌。真正的精英分子选择韬光养晦，他们在静静地等待着必将会出现的转机。社会生活必须早日回归正轨，眼前的浮华乱象都不过是些过眼云烟罢了。

醉生梦死的暴发户

19 和平

我们该怎样向您讲述今后5年的历史呢？在这5年里，巴达维亚共和国颁行了第三部宪法，国家机器也在宪法的框架下一如既往地运转着。另外，荷兰仍然是一个独立的国家。当然，这已经是差强人意了。不过，国家机器运转的主要目的是为了在一些法令、议案和宣传册上不断地打笔墨官司罢了。毕竟，一切重大事件都要征求选民的意志，所以必须把这些文件印刷出来。但这种形式主义有什么意义呢？这些问题是一个不错的博士论文的选题，对喜欢通俗历史读物的读者而言，这些问题却是索然无味。巴达维亚共和国在名义上还保持着独立自主，不过实质上只是法国的一个行省而已，我们在以前已经反复强调过这一点了。第一执政①统治着这个国家，他要么通过荷兰驻法国公使，要么通过法国驻荷兰公使向荷兰人民发号施令，没有记录表明荷兰人曾经抵制过这些政令的实施。当然荷兰方面也不时有人抱怨，商人总是要不断发牢骚，说些莫名其妙的荒唐怨言。这些声音只要传到巴黎，第一执政就会立刻解散荷兰的傀儡政权。对荷兰傀儡政权来说，钳制言论是他们的分内之事，无可厚非。对付抗议言论最有效的办法是加重税率，这里加5%，那里再加3%，最后干脆索性巧立名目一次性加20%。收入、窗户、光亮、空气、报纸、面包、烟草、奶酪，只要能帮

---

① 指拿破仑·波拿巴。——译注

荷兰的海岸线再次被英国封锁

助拿破仑加强统治，都可以变成收税的条目。在12名执政委员的充分关照下，巴达维亚共和国走过了5年艰难的时光。议会和选民中的优秀分子日益减少，职业政客逐渐窃据了政府要职，他们是品质最差的当权者。于是，立法机构也在潜移默化地发生着变化，越来越多的杰出才俊反而被排除在国家政治生活之外。

　　亚眠休战暂时结束了对法战争，给英荷两国带来了久违的和平。可惜，荷兰商船还没来得及赶到西印度群岛，两国又重开战端。英国再次夺走了荷兰的海外殖民地，封锁了荷兰的海岸线。1796年，法荷之间的不平等条约使荷兰变成法国的附庸，巴达维亚共和国被迫接受法国的任意摆布，一再增加税收来供养法国。荷兰人从巴达维亚共和国建立到1803年，总计被征收高达6亿荷兰盾的重税。人们试图让第一执政知道，荷兰人不可能永远都能承受敲骨吸髓般的剥削。然而，第一执政委员会只是轻描淡写地提一些克服困难的意见。荷兰必须强化自己的海军力量，才能在海战中击败宿敌英国，从这个背信弃义的国家手中夺回属于自己的殖民地。这个构想听起来不错，但是没有军费一切都是空谈。何况现在共和国内部又分裂出不同的政治派别，结果钱花了不少，却毫无实效。

第一执政很想马上改变现状，并借机提醒荷兰人所应承担之义务，于是他迫不及待地创造了荣誉赠与、特别赠与和专门赠与等一系列收取捐助的新名目，把钱都喂给一群窃国硕鼠。

在这种背景下，双方之间的交流突然转变为恐慌，纵使信使频频往来于巴黎和海牙之间进行穿针引线，每次政治动乱还是以荷兰负担更加繁重的苛捐杂税而结束。5年来，拿破仑总是这样警告荷兰人："如果你们胆敢抗捐抗税，不服从我的意旨，那我立即出兵将你们的国家荡平。"

希默尔彭宁克就在这个非常困难时期成了巴达维亚共和国驻巴黎的外交代办。他是一个温和派人物，对巴达维亚的政治体制不是很认可，而是更倾向于美国的政治体制。面对不断增派的税收，他不得不与法方唇枪舌剑，并为此而磨破了嘴皮子。拿破仑也许连法语都说不流利，他用夹杂着巴黎方言和科西嘉土语的腔调不断发号施令。可是，巴达维亚共和国总是对他的指令阳奉阴违，很快就惹恼了这位执政官。第一执政喊着荷兰人的外号，咒骂这里的人民和官员，不分青红皂白地指斥他们都是无用之辈，骂他们是一群没有荣誉感、能动性和爱国心的卑污贪污犯，甚至威胁他们将会受到严厉的惩罚。受到责骂的官员只有仰人鼻息，低头认错的份儿，他们赶快向他们的人表示无限的忠诚。

这种政策在一段时间后开始显现出不良的影响，人们的进取心受挫，觉得前途一片黯淡，纷纷丧失了对未来的一切希望。活着有什么用呢？一切劳动成果都被法国夺走了，每天都仿佛末日来临。也许，拿破仑会因为晚上的一个噩梦而勃然大怒，马上派兵吞并看似自由的巴达维亚共和国。

1805年，巴达维亚共和国对法欠债高达1500万荷兰盾，双方约定4年内偿清。万幸此时还没有爆发耶拿战役，拿破仑对普鲁士的底细尚不清楚，也不敢公然对荷兰进行武装干涉。不过，拿破仑已经下定决心，一定不能让荷兰政府继续这样软弱下去了，必须解散庞大的旧行政机构，让一个法国将军或者一名波拿巴家族成员来担任荷兰的政府首脑。荷兰自己似乎无法完成这样的改革，需要拿破仑施以援手。不幸的是，拿破仑现在没有得力干将可派，他的几个兄弟也各有任用，无法分身。既然法国没有合适的人选，那就只好委派荷兰本国人来承担这一重任。此时，只有一个荷兰人能够赢得第一执政（几个月后拿破仑就称帝了）所信任，并且和他的私交甚密。这个人就是巴达维亚共和国驻法公使希默尔彭宁克。不过，希默尔彭宁克既没有力挽狂澜的雄心壮志，也不想接受这一职务而引火烧身。所以他称病不出，自称视力不好。拿破仑根本不听他的托词，声称如果希默尔彭宁克本人不愿就

风雨飘摇的荷兰

职，那么法国将出兵吞并荷兰。这位巴达维亚共和国的驻法公使出于对祖国的无私热爱，只好临危受命，同意出面收拾残局。他极不情愿地独自踏上返回海牙的道路，前面是一片被严寒所笼罩的漫漫征途。他提前通知荷兰执政委员会中的12名委员，告诉他们皇帝对他本人、对执政委员会和对巴达维亚共和国将会采取什么举措。执政委员会必须立即解散，作为执政机关，它实在过于庞大且效率低下，作为立法机构，它则显得无足轻重。改弦更张，势在必行。一部更加强调法国式中央集权的新宪法（一般称为第四部宪法）必须马上制定并付诸实施。

执政委员会软弱得像头羔羊，他们毫无保留地接受了皇帝提出的所有建议。他们通知立法委员会，这是预料之中的变化，并建议立法委员会将希默尔彭宁克推举为总督才是化解当前困境的不二法门。虽然立法机构徒有其表，他们还是审慎地研究了整整6天，全部批准了皇帝强加给他们的一切条款。新宪法是在巴黎炮制出来的，然后邮递到海牙马上付梓印刷，终于赶在选举之前新鲜出炉。选民们此时一心盼望和平降临，至于发生什么，由谁来统治他们，他们都漠不关心。到了进行投票表决的时候，35万人口中仅有139人投了反对票，少于1/25（约14000人）的选民表示赞成。由于61%的选民都安静地待在家中没有参与投票，这反而挽救了危局。

20 希默尔彭宁克

在总督这个职位上，希默尔彭宁克尽力保证自己不会犯错。总督这个职位往往能让人的思维简单化，他住进福伦丹宫（现在尼德兰王室的宫殿）后，1500名警卫负责保护他的安全，后来他又获得了大议长的头衔。人们用各种繁文缛节的皇室礼仪来对待他，这一切都不合于荷兰人的文化特征，也很不合他的品位。

大议长希默尔彭宁克欲求很少，无欲则刚。他尽可能不给自家亲戚安排国家公职，竭尽全力挖掘各政党的潜力。他从同盟派和联邦派中选择内阁成员和政府顾问，所任命的大多数是温和派人士。

这位大议长是拿破仑一手扶持的，在共和国里俨然就是一位独裁君主。各省一共派出19人组成立法委员会，不过这个立法委员会一年开两次会，只是为了重新恢复昔日贵族的名分罢了。这个机构只是看看大议长提出的官样文章，然后博得大议长一粲，除此之外，别无他求。

大议长和他的部长们精力充沛，他们任命了一个非常有能力的人担任财政部部长，极力缩减了几百万荷兰盾的财政赤字，并开始逐步为国家建立起良好的财政基础。不过，拿破仑并不希望共和国很快就还清全部债务。如果皇帝想让荷兰摆脱债务危机的话，他一定会马上缩减公共基金的投资规模，他也

法国舰队在特拉法加海战中全军覆没

有理由相信这样的缩减行为会最终让法国获利。但是，现在皇帝有自己的想法，如果法国在公共基金上进行投资，然后让荷兰利用税收来为这些投资埋单，那么，法国就能把自己的投资赚回来。如果减少公共基金投资的话，也就意味着减少荷兰的税收，所以他不希望荷兰缩减财政赤字。虽然皇帝的算盘打得很响，但是富于商业头脑的共和国民众却拒绝接受皇帝的建议，皇帝的建议里面充满了商业欺诈和财政风险，一旦付诸实施，民众必将被课以重税，到时候他们再想保护自己的财产也心有余而力不足了。

虽然大议长本人对军队并不感兴趣，但是这时荷兰已经建立起一支规模不大但很有战斗力的军队。可是，拿破仑却威胁说，如果法国兵源得不到有效保证的话，就会在共和国推行义务兵役制，把更大的牺牲和提供义务兵的痛苦转嫁给共和国不幸的民众。此时，荷兰海军也粗具规模，一位新人接管了海军部，他叫威尔霍勒。威尔霍勒是一个狂热的革命主义者，他似乎对皇帝产生了重大影响，在1800—1812年的所有重大事件中，威尔霍勒都一直充当共和国与法国皇帝之间的调解人。他也是个不错的海员，在数次与英军交手中，他驾驶的船都安然无恙。不过荷兰舰队还不足以与英军抗衡，而法国舰队也早在特拉法加①海战中就全军覆没了。

转眼到了1806年，拿破仑把反法同盟打得一塌糊涂。乌尔姆②和奥斯特里茨③战役不仅成了奥匈帝国的一大噩耗，也对共和国的历史产生了深远影响。拿破仑确立起欧洲霸主的地位，他全然不顾各地民众的呼声，开始在新开拓的领土上建立新王国、公国和州府。

巴达维亚共和国内弥散起对法国革命者的怨气。在过去的几年里，由于拿破仑仍然在表面上尊重普鲁士和奥地利，所以这种怨气一直没有形成气候。如今，普奥两国都沦落成三流国家，皇帝便开始对荷兰为所欲为。皇帝周五给荷兰人威尔霍勒写了一封信，在信中他毫不掩饰地提到了一项计划："难道将军阁下没有注意到在反法联盟与法军作战期间，驻扎在贵国的法军都听命于皇帝陛下的兄弟——路易·波拿巴殿下的调遣？"威尔霍勒已经意识到这位波拿巴家族中的年轻成员大有来头，当然，其他人也都意识到了。皇帝接着说："莫非威尔霍勒先生不知道这意味着什么吗？"当然，威尔霍勒可以去揣测，别人同样也在揣测，这正是皇帝想要的效果。揣测的结果

① 特拉法加位于西班牙西南海岸的海角，在直布罗陀海峡西北，1805年英国海军在此大败法国和西班牙的联合舰队。——译注
② 德国南部城市，位于多瑙河沿岸，斯图加特东南，1805年拿破仑在此击败奥地利军队。——译注
③ 捷克斯洛伐克南部城市，1805年12月2日，拿破仑在此附近决定性地击败俄国和奥地利的反法联军。——译注

是，威尔霍勒应该去海牙告知他的子民：要么他们接受路易国王对荷兰的统治，要么就干脆并入法国版图。于是，带着这个令人振奋的消息，威尔霍勒赶往海牙。就在一年前，希默尔彭宁克也沿着同样的路到了海牙，去接受共和国总督一职。现在的巴达维亚共和国民众，只知道逆来顺受，绝对不会进行反抗。毕竟，让1万荷兰新兵去反抗50万训练有素的法国雄师，那简直就是天方夜谭。而且民众是否愿为独立而战也不得而知，多少年来，他们一直生活在水深火热之中，斗志早已丧失殆尽了，如今他们只是安于现状，与世无争。面对这样的状况，唯一要解决的问题就是如何让这场喜剧体面地收场。希默尔彭宁克是一个立宪派代表人物，他立刻召集立法委员会、区议会和部分权贵共同组成大理事会，然后向大会提议拥立路易·波拿巴为国王，并进行全民公决。大会直接驳回了他的提议，因为类似的公决活动早已泛滥成灾，人民都采取事不关己高高挂起的态度对待它们。让这么多人都掺和进来表决这个提议，实在是没有什么好处。

于是议会立即拿出应对这种局势的传统法宝——拖着不办。他们派出

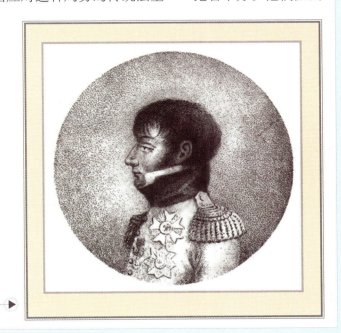

路易·波拿巴

一个请愿团去觐见皇帝，取得了立竿见影的效果。不过，效果表现在——皇帝发来了最后通牒。皇帝拒绝接见请愿团，他通过威尔霍勒转告荷兰，只给他们8天时间，让他们重新派人来巴黎请求皇帝封路易·波拿巴为他们的国王。只要他们敢拖延一天，就立即发兵将荷兰全部吞并。

1860年5月3日，海牙大理事会接受了法方的全部条件。随后，拿破仑指派奥顿副主教塔列朗为新王国起草宪法。这倒也不是件难事，2周后他就将宪法草案提交到大理事会批准，大理事会便批准了这部宪法。然而，希默尔彭宁克却不合时宜地宣称整个过程不符合宪法要求，拒绝签署这份文件。大理事会只好代替他签署，并立即将宪法回呈给巴黎。希默尔彭宁克并不善罢甘休，他又向法国公使提出抗议，认为大理事会的行为不合法。法国公使对此表示遗憾，同时表示他自己也是爱莫能助，因为文件已经送回了巴黎。希默尔彭宁克只好提出辞职，返回他乡下的居所，从政界隐退，不再插手国内政治事务。希默尔彭宁克1825年逝世，他活得时间比较长，在他有生之年见证了他所深爱的祖国获得独立的日子，也见证了他所倡导的改革成果在全国生根开花。

立法委员会选举出一名发言人来继任大议长的职务。新任大议长和他的同僚一起，并不光彩地演完了巴黎方面导演的这场滑稽剧。

1806年6月5日，拿破仑皇帝放下身价，亲切接见了巴达维亚共和国请愿团。这个请愿团来的目的是请求皇帝给他们指派一名国王，他们的理由是他们的国家过于弱小，使他们无法抵御强敌。

皇帝屈尊俯就，愉快地答应了请愿团的请求，宣布他会指派他的弟弟担任巴达维亚国王。

新国王是位和蔼可亲的人，他做梦也没想到会成为国王（他在家就是个"妻管严"，自然也没有能力处理好一个国家的内政），现在却被赶鸭子上架。他谦恭地垂聆皇帝陛下的谆谆教诲："不要忘了你是个法国人。"然后信誓旦旦地表示他将竭尽所能，不负众望："都依照陛下的旨意去做。"一切都已妥当，巴达维亚请愿团就地解散，新国王也回到他并不幸福的家中。不过，在他行将离开王宫大厅的时候，塔列朗叫住了他，然后给了他一部荷兰王国新宪法。莫非皇帝在闲暇之时已经仔细研究过这部宪法啦？而且对可能出现的情况都交代清楚啦？这些都无所谓，只要皇帝批准这部宪法，他弟弟一定不会有什么意见。几天后，路易国王挈妇将雏，坐着皇家马车赶赴新的任所。在他所经过的城市，人们都以呆滞无神的目光凝望着这位一夜之间就冒出来的新国王，心里却对未来一片渺茫。

21 路易国王

　　新国王28岁，他并不是很英俊，但很热心；他不是很聪明，但有点自负（如果他不是一夜之间成为国王的话，也不会这样）。他满心地希望能善待自己的臣民，他也不喜欢他的哥哥。这两个拿破仑之间的不同之处是，路易是个绅士，而波拿巴正在试着变成一个绅士。

　　新国王去考察了一番自己的财产，然后开始进行统治。首先，他试着去了解荷兰，了解这个国家的历史。这种尝试并不是非常成功，不过荷兰人听说这件事后还是很高兴的。他们说："我们庆幸一个好人成了我们的国王，国王的哥哥不用再来干预我们了吧。"

　　摄政们由于受到他们自己人的统治，开始在他们隐匿的地点露面了。他们很快接受了这位新国王，他们的态度比接受希默尔彭宁克时更加爽快。这位国王本来是一个蛮荒小岛上的二流律师兼职公证员的儿子，沾了他哥哥的光才成了皇族，凭借这一点，他能够得到荷兰人的青睐，这是以前的荷兰旧家族做不到的。路易国王的门前聚集了形形色色的人物，他们希望成为国王新卧室里的新娘，能够为新的统治者担当助手。路易不反对穿金色花边衣服。在荷兰司法官的帮助下，他嘉奖那些志向高远的人，分封贵族，重建秩序，这些行为让他的哥哥很开心，不过对此也有一些轻蔑之情。几个旧家族的人，特别是我们以前经常提到的冯·霍亨多普，对显赫的波拿巴王位态度暖

路易国王本来是一个蛮荒小岛上的二流律师兼职公证员的儿子。

昧。但他们只是例外，不占大多数。

路易国王来到荷兰的时候，随身带来了新宪法。这部新宪法还没有开包呢，也没有赋予实施。这是一个异常简洁的文件，用拿破仑式的短句写成。整部宪法只有79个条款。宪法规定国王享有所有的权力，国务委员及几个部长组成的内阁负责辅佐国王。由38人组成的立法会议每年召开一次，会期为2个月。就像以前的立法机构一样，这个机构只能投票赞成法律，不能反对或者修改法律。

希默尔彭宁克被任命为议会终身议长。冯·霍亨多普被任命为国务委员会成员，但他没有接受。国务委员会的成员以及各部部长都是从不同派别中选举出来的杰出人才。他们被号召忘记以前的党派偏见，团结到一起，一同复兴这个贫困交加的国家。

从理论上讲，路易国王喜欢节俭。实际上，他却是一个花钱无度的国王。他确实给了人们很多东西，跟金钱一样珍贵。他每次出行都是一次大游行，精美的彩车、漂亮的盛装、整齐的骑马侍从以及其他随从，这一切都拉大了他与普通民众的距离。他在家里感受不到一点幸福，需要用其他的方式来排遣内心的郁闷。不久，他就对自己贫困的局面感到坐立不安了。他开始厌恶荷兰王宫，到森林宫殿中去生活。然后，他又搬到哈勒姆，后来又发现哈勒姆并不是一个中心城市。于是，他又搬到了乌特勒支，不过乌特勒支这个城市太小、太阴暗，于是他又到了阿姆斯特丹。所有这些帝王级别的迁移花费了大量的金钱。除此之外，国王还希望为他的宫殿配备豪华的家具，在墙上悬挂上好的挂毯，用上等的艺术品来装饰他所有的生活空间。

不过，跟军队和海军开支相比，这些以千为单位的钱还不算多。军队和海军方面的开支动辄就达数百万荷兰盾。威尔霍勒是个很合拿破仑心意的人，他受到拿破仑的嘱托，为荷兰建立起强大的海军。接受这份嘱托倒很容易，但是到哪里弄那么多钱呢？现在，拿破仑在欧洲大陆上四处树敌，海军不得不一再加快组建速度。让人沮丧的是，海军军费却每况愈下。荷兰现在是法国的从属，也跟着法国对英国实施封锁，期望通过这种方式让英国屈服。

还有一支由大批法国间谍组成的军队，跟着路易国王一起来到了荷兰。他们的任务是打击走私，顺便监视荷兰对英国封锁政策的执行是否得力。鹿特丹和其他几个城市一度靠走私再次繁荣了起来，现在又被这帮人打下去了。每年，征收军队特别税都是件很困难的事。首任财政部长戈尔跟着路易一起来到荷兰，他不得不向国王做了这么个财政汇报：现金总额为20.5万荷兰盾，今年的赤字为3500万荷兰盾。自从这位财政部部长追随这位穷国王以来，他就像陷入到噩梦中，每个月都有更坏的消息等着他。

甚至一连数周，他都在国王面前讲解扭转财政颓势的新方法。路易国王和他的哥哥一样，对经济不感兴趣，因此觉得非常无聊。最后，他为了图个耳根清净，把戈尔炒了。戈尔是个很有才干的人，他刚开始时只是一家书店里的书记员，后来完全靠自己的能力打拼上来。新任财政部部长也没干多久，荷兰的经济现在每况愈下。

我们还能对路易国王的统治说点什么呢？他是个好心人，他接手了一个烂摊子。他能支持4年之久，已经是个奇迹了。他并不是一个很容易就结交朋友的人。随着他的高贵感日复一日地增加，他几乎断绝了与杰出才俊们的往来。他试图通过以建立研究院的方式来发展艺术和科学，不过画家和诗人们都没把这当回事，他的研究院也就没有兴旺起来。

几条新建的道路和几块新开辟的田地，让荷兰的农业和商业又有了发展。农田和工厂里生产的产品可以出口到邻国，当然，除了法国之外。荷兰的意图很好，环境却很恶劣。国王心很软，当国家发生火灾或洪水等灾害的时候，他总是站到离灾难最近的堤坝上，试着去把人们救出来。只可惜，仅凭一副菩萨心肠是不能让这个国家重新繁荣的。

国王试图摆脱法国的影响。不过，他的夫人是法国外交部长的妹妹，她伙同自己的哥哥暗中反对国王要求独立的计划。于是，国王想休了他的夫人。这个时候，国王的哥哥波拿巴也在离婚，他不想让一家人同时出现两起离婚事件，因而责令路易维持现有的婚姻。于是，路易试着去摆脱法国外交部长的影响，不过波拿巴非常支持这个忠心的奴仆，不想把他召回法国。

英国最终折断了路易国王的最后一根救命稻草。经过长期准备，英国舰队穿越北海，攻击了荷兰的赫伦岛，为下一步攻击拿破仑舰队的基地安特卫普做准备。那时，拿破仑便不断警告他的弟弟要当心。固若金汤的法拉盛城在英军一阵猛烈的炮轰之后，几乎没留下一座完整的房子，英军随即占领了这座城市，攻击安特卫普的战争便拉开了序幕。法国已经做好了防御的准备。纳多特在全国各地建了无数个比利时式堡垒，英国被迫在泽兰岛地区安顿下来。像往常一样，荷兰为这场战争埋单。最终，英军由于荷兰疟疾流行而撤出荷兰，遭受了战争蹂躏的人们只能靠救济才能生存。

拿破仑狂躁起来，他苦心经营的安特卫普港落入英国人手中，而他的弟弟为什么没有采取任何措施来阻止这一切呢？"荷兰是英国的附属国，英国很安全地把他们的战略物资运到荷兰。皇帝自己的弟弟竟然是英国的盟友。路易·波拿巴为什么不装备一支强大的军队来阻止英国的入侵呢？荷兰国王说，他们太穷了，装备不起一支军队。他们撒谎，都是在撒谎。荷兰很富裕，他们是欧洲最富有的国家。每当有人碰触到他们的钱袋时，他们就开始埋怨，哭穷。别听他们的抱怨，让他们乖乖地付钱！你们听到了吗？让他们付钱！"等等，诸如此类的话络绎不绝。有一封信就是完全按照这样的意思写的。路易尽其所能来回复这封信，但皇帝并不买账。他要他的弟弟回巴黎，于是路易就回巴黎来了。路易一到巴黎，拿破仑就当着他新妻子及其近卫亲兵的面，公开地斥责他。这样的羞辱不言而喻，不过路易还是不愿辞职，他向荷兰全国演讲时说，他已经对哥哥的粗暴相待习以为常了。即便是在1810年3月，拿破仑突然通过一个法令将王国北部划为附属地，路易仍然不肯做出让步，他的军队暂时将矛头对准了法国军队。克雷恩霍夫正在酝酿一次洗劫阿姆斯特丹的计划。

路易国王想罢免一些被怀疑有法国情结的军官。不过，这个计划因为脱离实际而放弃了。荷兰的部长们并没有追随他们的国王。国务会议拒绝为了这个意图而给他拨款。相比之下，拿破仑却聚集了大批军队，然后开始向阿姆斯特丹进军。

路易对他以及他的国家感到非常失望，在这种环境中他再也统治不下去了。1810年7月1日，他将王位让给他的儿子，自己退位了。他的儿子只有7岁，在他的母亲、威尔霍勒将军以及其他许多内阁重要成员的保护下登上王位。

早在6月2日晚上，路易就带着一些钱离开了哈勒姆宫殿，自此隐姓埋名，永远离开了王位。1846年，他在意大利的里窝那去世。在他去世6年后，他的儿子登上了法国王位，称为拿破仑三世。

路易退位的消息传到巴黎的时候，正是拿破仑的军队占领阿姆斯特丹的时候。一周后，也就是7月9日，拿破仑签订了一份合并法令。这个坐落在北海边上、傍着许多法国河流、有些泥泞的国家，很多年以来被称为荷兰共和国，现在它却丧失了独立，成了法国的一个二流行省。

法军进入阿姆斯特丹

121

22 被兼并后的荷兰

在接下来的3年里，荷兰人都到法国学校中学习。法国这位老师都很严厉，但荷兰这个学生却学到很少的知识。巴达维亚共和国，甚至是路易·拿破仑王国时期，荷兰一直都存在着企图恢复旧共和国的游击队斗争，新国家一笔勾销了这些不愉快的往事。新政府落到了法国当权者手中，他们用新的政府管理方式来经营这个低地国家，像经营一家商业公司一样来运作这个国家。他们很少考虑以前的党派之争，视它们为不存在。虽然荷兰还没有建立起一个不同于以往的议会，但一部通行全国的法律已经早产出世，并且在荷兰强制推行。以前各省、各城市甚至是各村庄都有不同的法律体系，现在所有的法律体系都要被一个简单的法律体系所取代——《拿破仑法典》。在法律中，法国要求荷兰必须供养一支军队的条款不复存在了，新条款主要是征集荷兰青壮年市民加入军队，让他们统一着装，然后给他们为祖国服役、为荣耀而奋勇杀敌的机会。

还有，这样做最大的好处也显而易见：以前，荷兰人往往把自己的近邻看成是最大敌人的旧时代已经过去了。不管以前是奥伦治党人、联邦派还是雅各宾派，不管以前尊崇国家权力至上还是推崇家族的神授权力至上，现在，一切在新的统治者面前都没有差别了。拿破仑对以前的事情一点都不过问，他将目光投向了未来。在N字母面前，每个人都是平等的，因为他们都是卑贱的。要获得晋升，只能依靠能力或者忠诚，家族的影

在N字母面前，每个人都是平等的，因为他们都是卑贱的。要获得晋升，只能依靠能力或者忠诚，家族的影响力不再发挥作用。很多卑贱的人突然获得提拔，因为他们的才能赢得了国王的信任。

响力不再发挥作用。很多卑贱的人突然获得提拔，因为他们的才能赢得了国王的信任。外交专家们都不主张尊重各地区的文化，而是试图将法国建成一个不可分割的法兰西帝国，于是整个荷兰成了一个各民族相互融合的地方。荷兰又被武断地分为几个部分，旧省份的名字和疆界都被取消了，新划分出来的各部分是依据流经这里的河流或小溪来命名的。来到这些地方担任最高官员的是法国人。一个法国总督来到海牙，成为荷兰的最高长官。

幸好，荷兰的第一位总督是一个很有教养的人。他叫勒布朗，他尽了自己的最大努力来减小荷兰人突然变成法国人后所产生的亡国痛苦。荷兰人虽然并不爱戴这位绅士，但是他们尊重并服从他。不过，大多数的法国人可不这样，他们都是粗鲁的冒险家，只有不断打拼才有出头之日，他们既不理解也不喜欢任人宰割的荷兰人。

一支庞大的法国军队开进荷兰，驻守到荷兰所有重要的城市中。教堂和医院立刻变成了法国的军营，法国士兵就像在自己家里一样随便。荷兰每个沿海的村庄里都有法国海关官员，他们监视着荷兰的港口。每艘渔船上必须有一名法国士兵看守以防止他们走私，整个村庄对这名士兵的安全负有责任。法国密探充斥在荷兰社会中，严密控制着荷兰普通家庭。法语成为官方正式语言，在学校、剧院和报纸上必须用法语。至于大学，除了莱顿的一所大学外，其他大学都变为中学。荷兰人不欢迎甚至是怨恨法国的原因不在于法国带来了崭新的政府。实际上，当法国将新制度引到荷兰时，荷兰人感到非常高兴。法国为荷兰带来了政治上的革新，这是荷兰人自己无法完成的事业，虽然拿破仑在荷兰征收的苛捐杂税不断增加，虽然法国的军队军纪涣散，不过仅仅由于拿破仑在政治上的这份贡献，就让他成为基督的化身。不过，当拿破仑开始干涉荷兰人的日常生活，或者说是民族特点，再或者说是民族性时，荷兰人就开始反对法国了。拿破仑本人实际上是一个处在法国统治之下的意大利人，他对民族性这个问题并不了解。处在这样的环境中，拿破仑可能会非常得意于在俄国或者中国干一番事业。从此时开始，每当他干涉别国的民族性时，都会无一例外地遭受失败。拿破仑可以强迫荷兰、西班牙或者德国的小孩在学校里学习法语，但绝对不可能强迫一个母亲教她刚要学说话的婴儿说法语。拿破仑可以强迫荷兰市民阅读法语报纸，也可以强迫他们在教堂里听法语的布道词，但绝对不可能让他们用法语来思考问题。法国硬生生地把荷兰赶出公共场所，然后把它藏在自己的家里。在法国这个大家庭里，法国人想绕过许多不可逾越的障碍，逼迫荷兰就范。在这个家里，荷兰忍气吞声，于是他们一定会用禁用的荷兰语来谈论一下未来或者以前美好的时光。到了1812年，荷兰到了苦恼情绪的最低点，最为沮丧的悲观主义者面对无助的局面反而成了乐观派，因为情况比他们想象得还糟糕。贸易和商业都消失了；走私被封杀了；没有红利可分了。皇帝的政令横行，荷兰的国债减少到原来的1/3。原来能收入3000荷兰盾的家庭，现在只能收入1000荷兰盾。原来能收入1000荷兰盾的家庭，现在成了叫花子。阿姆斯特丹1/4

贸易：印刷商、装订商、玻璃商和铸造商。

的人只能靠公共救济来生存，直到最后连救济都没有了，整个社会都濒临破产。1/4的人虽然还有一定的自立能力，但还是靠一部分救济来生活。其他的一半人被迫将所有的东西都变卖了，只为能够糊口。他们解雇了仆人，卖了马匹，不再购买书和其他奢侈品。

然后，法国突然征召他们入伍。首先，21岁的男青年都被召入部队。随后，又扩大到21岁上下的人。最后，在1788年的时候，只要是过完了19岁生日的人都必须入伍。少数一些男青年属于较高的社会阶层，如果他们还算富有，在入伍后会获得皇帝近卫亲兵的中尉军衔。如果很穷，通常会额外做许多其他的事务，如当医护兵等其他一些事务。总之，他们逃避不了兵役。一段时间之后，不管富人还是穷人，没有一家的儿子或兄弟不在皇帝的军队中服役。他们在遥远的国度，为了一场疯狂的战争而拿着自己的生命冒险。

到了1812年，远征俄国的所有准备都已经就绪。15000名荷兰士兵分配到法国士兵中，充当轻骑兵、步兵、炮兵或者工程兵。法国不允许荷兰人组成一支队伍，以防止他们发生兵变。荷兰人只是这支庞大军队中的一部分，他们一起浩浩荡荡地踏过俄国大平原。也有一小部分人逃了出去，加入英国军队或者德国许多正在兴起的军阀。还有其他一些人不是被冻死就是在战场上被杀死了。9月初，荷兰第四轻骑兵团与俄军短兵相接，结果只有46人幸存下来。一个月后，第三掷弹兵团大量减员，只有40个人活了下来，经历一场鏖战后，每4个步兵中只有1个能活着回来。其他的人呢，由

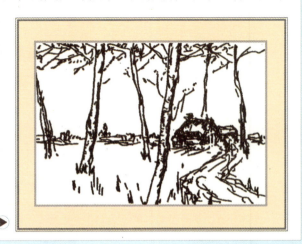

很多荷兰人永远地留在了俄国。

于缺乏补给，不是冻死就是饿死。他们开始被无休止的饥饿驱使着往家走，一路上只能在俄国东部乞讨。在第二枪骑兵队伍中，只有2个人再次看到了自己的祖国。36个步兵团几乎全军覆没，只有25个人因为成为俄军的俘虏而幸存下来。每200个荷兰步兵中，就有124个人没有回到家乡。

这是一个很悲惨的事情，但这并没有影响到皇帝。他对这场灾难的回应是，召集更多的军队。于是，水手们被带离舰队，少年和老人也补充到军队中。各地区的荷兰农民也很悲惨，皇帝首先抢走了他们的钱，然后抢走了他们的财产，最后剥夺了他们的儿子。于是他们进行反抗，拿着干草叉杀死了几个宪兵。这立即招致皇帝的报复。参与者被拉到最近的树旁枪毙了，他们的儿子统统充军，他们的土地全部被没收。

就在我写下这一章的一百年前，即1813年11月18日，一个名叫布吕谢尔的老人恶狠狠地诅咒着科西嘉流氓，带领着他的骑兵猛攻法军的左翼，将法军分割成几段，让拿破仑非但没有在莱比锡取得胜利，反而让他大败。一周以后，皇帝战败的消息传到了荷兰，不过几个月之后官方才正式宣布这个消息。虽然人们对此并没有多么强烈的反应，不过他们其实很沮丧，而不是很高兴。他们以前已经听说过这种战败的消息，消息公布之后，皇帝无一例外都要变本加厉，以便恢复他的军事声望。大学和学校中的许多老师开始密传，奴隶制时代很快就要到来了，但没人敢听。只有傻子或者大学教授才敢相信，外国军队会取得最终的胜利。

时间已经接近11月中旬了。大多数的法国军队都被召集到前线，只有几个由海关职员组成的兵团，由年老或年幼士兵组成的连队留在后方。这是一个很危险的时刻。在东部地区，外国军队迅速抵达荷兰边界线。荷兰港口的财产物资将直接暴露在英国的虎口下，很快就会成为英国人的财产，这些物资正是外国联军迫切需要的东西。此时，荷兰不再被拿破仑一人统治，不再被法国占领，而受到了欧洲其他几个强国的支持。

23 解放

我们在以前多次提到冯·霍亨多普。他最初是威廉明娜公主的顾问，那时，公主的丈夫遭到爱国者的驱逐而逃出了荷兰，她也选择追随丈夫而去。1795年之后，我们已经多次关注过冯·霍亨多普的所作所为，他固执地信守自己的诺言，拒绝为了自己的利益而放弃他曾经对执政的效忠。他拒绝了革命派伸出来的橄榄枝，随后又拒绝了路易国王的邀请，隐姓埋名地生活在尊严的殿堂里。霍亨多普有一个弟弟，名叫查尔斯。查尔斯也认为霍亨多普太迂腐了，他在皇帝门下谋得一个职位，后来成为当时一名知名的将军。霍亨多普在家庭外的活动很少，多年以来他都没有跟太多人联系过。对于很多积极入仕的人来说，王国的最后几年并不太平。法国间谍可能会很纳闷，荷兰人为什么对自己的邻里那么友善。法国间谍有时会在晚上将一些人连同他的邻里一起从被窝中抓走，将他们的财产一起没收，然后还可能监禁他们几个星期甚至几个月。正是由于皇帝自己的一个措施，才让许多荷兰家庭凝聚成一个整体。皇帝组建了一个所谓的仪仗队，全是由来自上流社会中的男青年组成的，以前他们可以雇人替他们服役，现在他们必须亲自到军队中服役。当然有许多人反对，警察们便参与进来，强行把许多人拉到军营里，他们还动用监禁和罚款等手段。许多家庭遭受了相似的境遇，这样的经历让他们的关系变得更近。在这些不幸的人当中，冯·霍亨多普似乎首次为了进行一场反对法国政府的革命而招募同盟者。当然，革命起码应该像反对西班牙统治那样，我们却没看到这样的情景，荷兰的每次反抗都是小规模的。整个国家年迈、虚弱，在各种困难面前跟跟跄跄，我们也别指望着狂热的爱国者党能组织起一次标准的革命。总而言之，应该有十几个人能够站出来，他们甘愿冒着生命危险，通过自己的个性来呼唤其他的人效仿他们，走上革命的道路，因为这是荷兰人的革命，却不是他们自己的革命。

我们并不是为了贪图方便才将冯·霍亨多普摆到中心的位置。他确实是名副其实的，他很久之前是法国的手下败将，深深地知道拿破仑皇帝将自己的统治建立在暴力和欺骗的基础上，因而统治不会长久，必然会走向覆灭，总有一天他的国家会重新获得独立。他已经仔细研究过此时的情况了，他可以寻找时机一鸣惊人。当莱比锡战役的消息传来时，冯·霍亨多普为了赢得共和国的独立而开始着手起草一个新的宪法，他相信不久荷兰的独立就能成为现实。

现在，这种期待终于成真了。拿破仑遭受了彻

警察强行把许多人拉到军营里。

底的失败。反法同盟开进到法国和荷兰的边境地区。再过几周，一切都要见分晓了。此时正是最混乱的时候。皇帝穷尽一切物质基础来拼凑一支军队，他已经没有时间来顾及边区的秩序。法国军队像从前那样要求荷兰必须帮助他们。这种想法是他们对法国和荷兰事务的无知造成的，是面对四起的流言而表现出无望的另一种方式。差不多每个小时，荷兰各省的长官和政府主管都被新的更严重的事态而震惊。有一次，一个流言传遍了整个城市，报告说皇帝死了。第二天，这个流言就不攻自破了：皇帝只是疯了，第二天就转好了。不过，此时法国已经跨过了莱茵河，皇帝成了哥萨克人的俘虏。不久之后，法国发出了许多禁令，法军必须集结在一起，固守法国前线。这个新闻确实是真的。1813年11月14日晚上，驻扎在阿姆斯特丹的法军登上了一些小船，向南方划去了。阿姆斯特丹没有军队驻守，这座城市立刻就沸腾了。穷人已经经历了许多年的饥寒交迫，有时连续几个月都喝不上一口咖啡，甚至吃不上一口糖，更不用说吸烟了，因此他们进行报复的欲望特别强。法军走了。对外国殖民统治的憎恨集中到对森林宫殿上，这座别墅曾经是法国海关官员居住的地方。在法军撤离半个小时之后，人们就将这座别墅付之一炬，整个别墅顿时火光冲天。愤怒的平民围绕着熊熊燃烧的大火狂欢不已。

此时，荷兰进入1813年以来最艰难的时期之一。起义、叛乱、强盗四起，随便你叫他们什么，这些行为从来没有得到过上层人士的支持。摄政的余魂仍然强烈。最上层那些人见到这种疯狂的局面，不是想方法将平民组织起来对抗法国，而是感到异常害怕，唯恐自己的财产会受到侵害。于是他们决定在人民会危害他们的利益之前，结束这种混乱的局面。他们许诺将来会给平民们很多好处，要求他们回到贫民窟中。然后，他们很快组织了一支志愿警察队伍，把人们固定在自己的职位上，防止他们再次暴动。荷兰到了摆脱法国桎梏的时期，这并不意味着荷兰能摆脱昔日的摄政，摄政们在法国市长离开之后，立刻入主市政厅。他们也怕得要命，不敢轻举妄动。法国国旗还在公共场所的上空飘扬。拿破仑还可能返回荷兰，摄政不相信那群挥舞着橘红色横幅的爱国者党人，更不想在接管政治时获得他们的支持。荣誉第一次归于阿姆斯特丹贫民窟下。不过，这个城市里的保守势力却力图防止这个城市成为荷兰独立的阀门。11月16日深夜，荷兰人在阿姆斯特丹烧毁法国海关的消息传到了海牙。就在几个小时之前，法国官员离开住所，前往离统治中心更近的乌特勒支，法国军队和警察则在此前已经前往乌特勒支，以便维持好秩序。17日晚上3点，整个城市还处在沉睡中。冯·霍亨多普派一个信使到荷兰民兵指挥官那里，把指挥官请来。指挥官来了，但很抱歉地报告说，在法国统治时期，荷兰的民兵几乎手无寸铁，因为法国人防止他们会发生叛乱。冯·霍亨多普请求市长出来帮忙，市长是个荷兰人，他告诉冯·霍亨多普，如果荷兰平民攻击法国军队可能会产生严重的后果。不过，荷兰民兵必须有武装来维持秩序，于是他欣然同意提供帮助。在太阳升起之前，他派许多守卫在执政的旧宫殿前面执勤，以保护这座建筑物。这些守卫都有武装，并得到命令处于警戒状态。这种状态正是冯·霍亨多普期待已久的。

新政府的公告

利奥波普·冯·林保·斯蒂姆将军是冯·霍亨多普的朋友，也是他的一个主要同谋者。斯蒂姆将军总是在他的帽子上镶上一个大大的橘红色蝴蝶结。他突然出现在公共场所，带领着一群倾慕他的市民，缓慢地向民兵驻扎的地方走去。在那里，他宣读了冯·霍亨多普已经拟好的一份公告：

131

"荷兰是自由的。奥伦治家族万岁！法国的统治已经走到了终点。海洋开放了，贸易复兴了，我们将过去抛到脑后吧。所有的党派之争都就此结束，让我们忘记所有的不愉快！"

这份公告进一步显示了政府的新特征。在高贵的奥伦治亲王的领导下，让所有的精英都能参加到国家治理中。民兵们赞同地听着，敲起鼓来，挥动着橘红色的东西，足足有一代人没见过这种场面了。士兵们穿过热情高涨的城市，径直走向市政厅。共和国古老的旗帜在教堂旁边的高塔上升起。在一个小时之内，这个令人振奋的消息就传遍了整个城市。在城市的各处，大门、窗子乃至房顶上都飘扬着橘红色彩带，另外还点缀着红、白和绿等其他颜色。橘红色的彩带在箱柜里藏了好多年了，现在甚至还散发着蛀虫的味道，但都统统被任意缠到帽子上和袖子上，或者用藤条挂起来挥舞，甚至还有人将它们拴到狗的项圈上。市民们自发地用橘红色把自己装扮起来，在街道上游行。

冯·霍亨多普的住处成了各种活动的策源地。当天下午，冯·霍亨多普和他的几个好友开始筹建临时政府来掌控国家局势，直到奥伦治亲王返回荷兰掌握大权为止。

直到目前为止，反叛者还一直都是成功的。法军对这些平民运动没有表示出任何反对的态度，不过他们仍然还在兵营中，随时都会对荷兰构成威胁。施维宁根的渔民都是些狂热的奥伦治党人，他们在当天下午听说了这场发生在海牙的政治事件后，便下定决心参与进来。当整个国家都众志成城的时候，法国人才知道，他们仅仅靠驻守在那里的5000兵力已经难以回天了。于是，他们仓促地收拾了一下自己的物品，仓促地向乌特勒支的方向前进。但是，在他们出发前的一个半小时，200多个普鲁士掷弹兵返回了海牙。在海牙，他们受到了荷兰人的热烈欢迎，可谓兵不血刃。后来，他们还亲自加入到欢迎奥伦治亲王的队伍中。

欢呼虽然是革命中必不可少的一部分，但是并不能带来革命的胜利。采取许多必要的行动比欢呼更为重要。当前，必须建立起新秩序，为新政权建立稳定的政府打下坚实的基础。冯·霍亨多普接着便行动起来，他迅速召集所有的摄政，让他们前来与他商议建立合法临时政府的事宜。就在此时，困难到来了，摄政们拒绝前来，他们就像阿姆斯特丹摄政一样，对当前的局势非常担心。他们深知，拿破仑现在仍然所向披靡，他一定会恢复失地，然后回到荷兰进行报复。正是因此，摄政们宁愿在家里躲着也不出来，只有几个人敢于前来。

在第一次会议上，阿姆斯特丹只来了一个人，他的名字叫法尔克，是一个有新思想的人。在这些前来商议国策的人中，他是最有能力的一位，因而当选为这次会议的秘书。法尔克知道，这样单薄的开始完全不是一场革命，国家一定会重新回到混乱的局面中。既然以前的摄政对政局不感兴趣，那么就有必要召集一个包括各个党派在内的会议。因此，在11月20日，他们召集各党派显要人物召开了一次动员大会。这次会议算不上成功，人民都非常不信任这次会议。他们都认为，这是要恢复以前的联邦议会和各种保守的东西。更为糟糕的是，这次会议的委员们也没有一点信心。在12个委员中，有一半的人不愿再深入开展行动，另一半人则犹豫不决。他们希望在知道反法同盟和拿破仑的命运之前，一切都要暂缓。毕竟，现在这个国家没有军队，没有钱，也没有任何信誉。

纵然冯·霍亨多普找每一位委员谈话，纵使他和他的朋友尝试了所有的手段来说服他们，一切也都是徒劳的。保守势力仍然很强大，摄政们都不赞成继续进行革命。虽然法国对荷兰的统治坏到极点了，不过摄政们还是不愿意重拾统治自己民众的机会。

在这种紧急情况下，任何拯救危局的措施都应该尝试一下。一个英国商船出现在施维宁根海岸线附近。冯·霍亨多普立刻打发人去联系船长，要求他穿上英军军官的制服，带着他的几个船员在海牙和鹿特丹的街道上游行。这样，消息就会立刻传开，说英国的援助部队在荷兰沿海出现了。船长尽了自己最大的努力，他穿得浑身上下都整整齐齐的。这一措施虽然起到了一定的作用，但作用并不是很大。下一步，海牙的领导者号召志愿者组建一支荷兰军队，结果有630人响应了号召。他们的装备都很差，集结完毕后，向阿姆斯特丹进军。途中，法尔克领导的一支民兵加入了他们。这一行人准时到达了目的地。第二天，反法同盟的先锋部队出现在阿姆斯特丹的城门前，这是一支由哥萨克人组成的军队。让这支军队感到庆幸的是，阿姆斯特丹把他们当成朋友来迎接，而没有把他们当成征服者。

即便如此，局势仍然极不稳定。在施维宁根北方有军舰在游弋，时刻威胁着荷兰的海岸线。在南部，所有的中心城市还在法国人手中。在荷兰中部，法国已经整合了自己的力量，甚至在四处发生叛乱的地方进行突围，因而消耗了大量的人力和财力。最后，在遥远的东部地区，布吕歇尔正准备着入侵荷兰，通过战争来扩大他的领土。此情此景真让人束手无策。只有一种情况能扭转局势，那就是奥伦治亲王必须马上回来，鼓舞人们战胜困难，控制住失控的局面。

问题是，亲王在哪里呢？没人知道。他可能在英国，他也可能跟着反法同盟在莱茵河的某个地方。信使已经前往伦敦和法兰克福。前往法兰克福的信使没有找到亲王，但是他找到了反法同盟的指挥官并打听到了许多很有意思的故事，比如荷兰是如何解放自己的，法国是如何被不光彩地驱逐出去的。实际上，亲王在英国伦敦。11月21日，他听说人们是多么迫不及待地期待他回去，多么热切地期望他能赶快渡过北海来到荷兰。5天后，他备足了人力和金钱，乘坐护卫舰离开英国海岸。18年前，东风吹着他的父亲安全穿越了北海，现在延误了他的航程。一连4天，他的船只能在微风中寸步不前。直到27日，一只搭载着300名水手的军舰才抵达荷兰，但没有带来任何

施维宁根的渔船被派出去，在海岸线附近巡逻，他们希望能够跟英国军舰取得联系。

亲王的消息。焦虑的气氛在荷兰上空蔓延开来。

　　施维宁根的渔船被派出去，在海岸线附近巡逻，他们希望能够跟英国军舰取得联系。不过，时间一天天地过去了，人们还是没有获得任何消息来消除焦虑的气氛。最终，在11月30日的晚上，流言突然从海牙传开，说有人看到英国军舰了，亲王来了！于是，人们忘记了以前的一切的不愉快，纷纷前去迎接他们深爱的奥伦治亲王。18年前，人们踏着这条路向老亲王告别，或者说是驱赶他，而如今人们却踏着同样的路来欢迎老亲王的儿子，将他当成救世主。

　　30日是星期五，这天中午"勇士"号进入人们的视线。还是那些渔民，他们在18年前把威廉送到船上，然后送他到海外流亡，现在他们载着新的君主穿过浪花重新回来了。亲王在自己的坐骑上装饰上橘红色的丝带，在自己的衣服上也覆盖上相同的颜色，向人群挥手致意。下午4点，一艘单桅军舰把亲王从英国军舰上接下来，半个小时后，威廉亲王登陆了。

此时，海岸上黑压压的全是人。通往海牙的那条老路再次由成千上万的人夹道而立。小男孩儿都爬到树顶上，更小的孩子被父母高高地举起来，只为能够看一眼奥伦治家族这位神圣的人物。几个人出于兴奋尖叫起来，有人立刻要他们保持安静，这么庄严的场面不适合用尖叫的方式来表达个人感情。一个彻底绝望的国家欢迎亲王，希望他能给这个国家带来希望。在经历了外国统治和国家衰弱的折磨之后，奥伦治家族就是这样重新得到了曾经属于他们的一切，他们许诺给这个国家带来崭新而美好的未来。

奥伦治家族重新统治荷兰。

24 复辟

　　冯·霍亨多普由于卧病在床而没有目睹这场凯旋仪式。亲王很快就离开了，而聚集在岸边的老者和年轻人都久久不愿离去。

　　亲王究竟应该如何定位自己呢？这个国家采用什么样的政体才合适呢？在通往斯海弗宁恩的大道上，"国王万岁"的口号响彻云霄。威廉亲王到底是即位称王还是仅仅只保留其父辈的执政称号呢？冯·霍亨多普最初的打算是重建寡头政治共和国，这就需要起用摄政们进行统治。摄政们虽然还活跃在政治舞台上，可是几个世纪以来他们都养尊处优，丧失了继续执政的能力，他们注定要永远地退出历史舞台。法尔克的方案是建立一个由摄政和爱国者党共同执政的联合政府，两派平分秋色，同治共享，这一方案自然也不会成功。爱国者党作为一个政党，在最近的20年里犯下了太多明显的错误，继续执政自然不合时宜。荷兰只有建立一种能够团结国内一切优秀分子的新政权，才能巩固统治基础，这项任务可谓任重而道远。

　　威廉亲王复辟时，国家仅控制着两个行省，保留有1350名步兵和200名骑兵，可用的经费也不超过30万荷兰盾，还欠下了一屁股的债务。不过，要在如此脆弱的基础上建立一个新政权倒也不是艰巨的任务，亲王面对的局势也许比预期的要好一些，他们继承了拿破仑帝国时期的许多行政体制。原来的法国官员纷纷离开，荷兰人在经受了他们的训练之后，占据了他们

威廉一世到达
斯海弗宁恩

的职位。军队中训练有素的下级军官仍然坚守岗位。可以说，除了荷兰语重新成为官方语言之外，政府根本没有进行任何变革。拿破仑为这些牢骚满腹的荷兰人精心建造起一栋现代化大厦，大厦里的法国人和法国因素虽然被一扫而空，大厦本身却丝毫没有动摇。而且，自从大厦的设计师离开之后，财力枯竭的荷兰王国人照样在里面住得其乐融融。

随之而来的又一个问题是：该给亲王什么样的地位和称号呢？在过去很多年里，荷兰人一直尊奉外国冒险家为皇帝，现在仅仅让一个执政来治理这个国家，这样可行吗？原来，荷兰人邀请一个外国家族来当合法的国王，而如今奥伦治亲王却只能屈居执政地位，这样公平合理吗？上层人士自然可以充分质疑这一切，然后把它当成"正名"的学术问题加以研讨。不过广大民众只是本能地感到，只有一种方法能化解当前迷局，那就是让末代执政的儿子成为执政复辟后的首位国王。

在此之前，威廉亲王在各方面都表现得非常保守，他已做好了让步的准备，仅以执政的身份重返国内掌权。在取得大量民意支持后，他开始意识到他是至高无上的统治者，而非听命于议会的执政。

亲王在12月6日接管政权之后，首要任务是废除法国强加给民众的重税。他立刻废除了烟草垄断经营，欢乐的烟云又重新升腾而起。接着，他又废除了警察对公民进行监控的制度，这项制度曾让无数荷兰人苦不堪言。他还废除了没收政治犯个人全部财产的法律，这个法律曾被法国当局胡乱使用，它的废除让以前的受害者欢欣鼓舞。教士阶层已经有很多年拿不到工资了，他们全靠公众的布施勉强维持生计，现在他们又恢复了过去的收入。不过威廉亲王用全部精力来处理国家内部事务的时机还不成熟。现在唯一的问题就是军事，法军仍占据着荷兰的部分防御工事，首先要把他们赶走。只靠现在3000人的武装力量是远远不够的，然而一时到哪里去征募士兵呢？

头两周的新鲜和热情很快就过去了，老问题又摆在面前，荷兰根本没有后续的财力和人手，只能等待全能的上帝和同盟国来帮助他们解决问题。过去18年间民众一直在纳税，如今他们都把钱存在家里，不肯拿出来。过去10年来，他们的儿子一直在服兵役，如今他们却不愿为新国王而把自己的儿子送上战场。同盟军不得不替他们去打仗，因为在荷兰根本招不到士兵。直到政府重新推行原来的义务兵役制，才算建立起一支军队。一年之后，一支由45000名步兵和5000名骑兵组成的荷兰军队补充到同盟军中。不过，那时这支军队已经没有用武之地，因为拿破仑被放逐到厄尔巴岛①去操练他的"百万雄师"了。在一片鲜花、美酒和庆典的祝福声中，维也纳会议隆重开幕，欧洲大陆未来的命运也将由此决定。

军事问题之后便是修宪问题，这一问题是这样解决的：政府指派14人立宪委员会来制定一部宪法，这14名委员都来自旧政党。他们以冯·霍亨多普在革命爆发前提出的宪法草案为基础，展开立宪讨论。3月2日，立宪委员会

---

① 意大利岛屿，位于第勒尼安海，在意大利半岛和科西嘉岛之间，拿破仑第一次被放逐到此处（1814年5月—1815年2月）。——译注

向亲王提交了一份宪法草案，这份草案的目的就是要确保亲王的独裁地位。根据宪法草案，议会由35名议员组成，分别从各省区中选举产生，议会只有否决权和定期提交议案的权利，不得对行政和财政问题进行干涉。这也是大多数人所希望的，他们已经饱受分权制政府软弱无能之害，迫切希望能有一个励精图治的国王出面收拾残局，为国家的复兴指明前进的方向。

宪法

对于生活在1813年的荷兰人而言，缺乏实践基础的政治计划给他们带来了很多的损失与苦痛，那些精于权术的政坛老手不是病死就是隐退多年，欧洲优秀的青年才俊都因为拿破仑帝国的利益而被斩尽杀绝。能够躲过这场浩劫的人，恰恰都是些缺乏活力和能力，生来就奴颜婢膝、低声下气的人。

3月29日，亲王邀请600名国内最知名的人士到阿姆斯特丹来审阅新宪法，同时征求他们的意见，结果只有448人到会。他们只用了一个上午就通过了这部宪法，对具体条文根本毫不在意，只是希望能尽快安然回家。国内的政治事务总是给人一种云山雾罩、积重难返的感觉，他们都企盼早日拥立一位新国王，万寿无疆地为他们处理各种棘手的行政事务，而不用再来麻烦他们。这位新国王从本质上来说就是个极端专制主义者，他认为这份新差事能给他带来莫大的快乐，同时他也盼望着向臣民展示他是何其胜任这份有意义的工作。

25 威廉一世

　　1814年7月20日，俄国、奥地利、普鲁士联同英国，一致承认并支持新建立的荷兰王国，同时要求奥匈帝国将他们在荷兰共和国时期吞并的比利时领土一并还给荷兰。这表明荷兰王国似乎将迎来一次伟大的复兴，就如同历史上勃艮第王国①崛起时一样。当然，欧洲列强并不是出于对荷兰人民的无限热爱才这样做的，其实他们都是心怀鬼胎。英国想利用荷兰作为在欧洲大陆上的一个楔子，以此遏制法国的复兴。法国则是为了在北部边境安置一个强大的守卫。为增强荷兰王国的实力，英国把他们在18年战争中掠去的大部分殖民地都完璧奉还。就在这个新王国即将开始大展宏图的时候，拿破仑元帅已经厌倦了在海外孤岛的单调生活，偷偷潜回法国，发动了著名的滑铁卢战役。新建立的荷兰王国在这次战役中表现出色，作战勇猛，扮演了一个不错的龙套角色。

　　拿破仑元帅再次遭到流放，这次的流放地点是圣赫勒拿岛，他的不幸遭遇引发后人创作出不少充满感伤色彩的传说，还出版了很多著作。荷兰—比利时联合王国也在一派肃杀萧索

---

　　① 勃艮第是法国历史上的东部地区，之前为法兰克王国的一个省，5世纪建立起勃艮第王国，14—15世纪王国势力达到顶峰，曾一度控制现在的荷兰、比利时和法国东北部的广大地区，1477年被路易十一并入法国。——译注

的气氛中迎来了独立。这个新国家的统治者威廉国王拥有绝对的权威，国王的内阁一分为二，不过行政和立法的大权都掌握在威廉国王手中。国王也充分利用手中的权力，尽可能地达到最有效的目的。他采用一切物质手段来改善王国拮据的财政状况，通过对外贸易获取了大量的美元和便士，以此证明他是位伟大的新主子。国内四处都在开挖运河，尽一切可能招商引资。官方和民间都在忙着投资办厂，比利时地区的矿产资源也得到了充分的开发。海外殖民地受到疯狂的盘剥，王国把开挖巴拿马运河甚至是尼加拉瓜运河的计划提上了议事日程。不过威廉国王最终一败涂地，他所幻想的计划都只是空中楼阁。荷兰与比利时两国之间除了世仇宿怨之外，毫无共同之处。作为新教徒的荷兰人一向以宗教自由而著称，他们与虔信的天主教徒比利时人水火不容。何况天主教自中世纪以来就一直墨守成规，世界格局却早已日新月

镇压

威廉一世

异，荷兰人更不会同情比利时人。当然比利时人也已经做好了应对宗教迫害
与残酷镇压的准备，他们随时都会以牙还牙地反抗荷兰。

像威廉国王这样充满争议的人来当政，本来就会遇到来自各方面的阻
力，也会招致很多政敌。而且原属于法兰西的比利时部分，抱着和法国人
一样的心态，非常乐于见到各种反对派势力把荷兰的政局搅成一锅粥。不
过对于新王国而言，真正的困难和阻力还是来自于罗马天主教会。教会有
着完整的组织架构，不论在何种情况下都会向教徒提供援助，这直接导致
荷、比两国走向分裂。我们并不是说教会是一种宣传宗教信仰的机构，而
是很遗憾地告诉大家，教会一旦插手世俗政治事务，总会不可避免地给其
周边局势带来无尽的麻烦。

威廉国王作为尼德兰国王兼卢森堡大公，强烈感到自己担任的责任很重大，他是这个国家唯一的主宰。如果罗马教皇或者列日主教①或是任何一名神职人员胆敢挑战王权，试图取得超越世俗的权力，那么他们就会发现威廉国王实在是个意志坚定、毫不手软的对手。天主教在比利时有着悠久的历史、坚不可摧的信仰基础和根深蒂固的影响力，比利时的宗教领袖更是胆大妄为、肆无忌惮。威廉马上将把闹得最凶的宗教领袖投入监狱，于是引发了一场宗教纷争。这场纷争一直持续到1830年初，斗争双方水火不容，比利时的天主教徒和自由主义人士共同开展了一场反对威廉一世的秘密革命。

30多年来，荷兰北方地区首次对政治表现出兴趣，也对生活充满了希望。1831年2月，一群比利时海盗爬到一艘受伤的荷兰炮艇上，艇长冯·斯佩克宁死不投降，硬是带着自己的水手和炮艇返回到了荷兰——一个勇敢人的国度。这个意想不到的挑衅行为打破了相对平静的局面，促使荷兰方面决心在10天之内重新控制反抗的省份。

然而，法国对此非常关心。首先，法国人也信奉天主教，因而认为自己有义务去帮助正在受苦受难的比利时兄弟；其次，法国并不希望英国的卫兵（荷兰）横亘在自己身旁，因而赶忙去承认和支持刚刚赢得独立的比利时萨克森–科堡家族。

大量法军士兵紧急向北开进，以抵御荷兰人随时可能发起的攻击。威廉一世不得不放弃吞并比利时的念头。自此之后，两国从毫不般配的婚姻中解脱出来，各自走上不同的发展道路，并且在相互尊重和理解的基础上建立起睦邻友好关系。

---

① 列日是比利时东部靠近荷兰和德国的边境城市，中世纪著名的知识中心，1794—1795年为法国控制，1815—1830年并入荷兰，列日主教是当时比利时的精神领袖。——译注

威廉二世为人善良，是个遵守宪法的好君主。当欧洲大陆爆发1848年革命风暴的时候，荷兰王国却平静安宁，看不到为镇压革命者而立起的街垒。

威廉一世花在比利时上的时间和精力不比荷兰少，比利时的独立对他来说是个不折不扣的打击。威廉一世是欧洲君主中勤政的典范，他宵衣旰食，夙兴夜寐，凌晨5点喝杯咖啡就开始一天的工作，这些都是为了国家和人民。可是，令他百思不得其解的是，他把自己的一生都献给了祖国，却得不到臣民的拥戴。也许是因为他在处理宗教问题上不够圆通吧，不过，我们看看他的经历，就能对他多一份理解。在不满17岁时，他回到荷兰被奉为大救星，如今，他却得不到公正的待遇，受到民众的冷遇，甚至多次受到无端的指责与攻击。确实，这个国家是临时拼凑起来的，内部存在着各种矛盾。威廉一世身处这个时代，他也无能为力。民众们一开始就赋予他至高无上的权力，他们盲目地选择了君主立宪制政体，议会被迫放弃了财政大权。在这种体制之下，腐败横行，贪污成风，国家资财被窃取一空。只有民众可以揭发贪污行为，但官员们却不对议会负责，因而没有适当的法律途径将这种不良状况传达到国王那里。因此，国王本人对腐败问题一无所知，当然也无从知晓。

种种怨恨引发了民众私下的诽谤和暗中的反抗。不过直到最后，威廉一世也认为自己一直鞠躬尽瘁，他不知道民众为何如此忘恩负义，如此厌憎他。1840年，他不得不传位给儿子威廉二世，从此浪迹天涯，终身没有再回到荷兰。

我们又该如何评论威廉二世呢？我不想书写一部史实详尽的尼德兰王国史，只是想通过考察从荷兰共和国灭亡到现代荷兰王国兴起之间的历史，揭开这个时代扑朔迷离、语焉不详的神秘面纱。即便是这20年间的历史也很难一一说清楚，因为从总体上看，这段历史实在是枯燥无味。读者朋友们，你们都置身事外，又富有学识，即使这样短小的篇幅也不能保证不会引起你们的厌烦。威廉二世为人善良，是个遵守宪法的好君主。当欧洲大陆爆发1848年革命风暴的时候，荷兰王国却平静安宁，看不到为镇压革命者而立起的街垒。威廉二世深思熟虑。当人民，或者说是少数自由主义分子开始热心关注政治的时候；当绅士们迫切希望尝试一种更为民主自由的政体时，他们发现，威廉二世也在关心这些问题。早在这场甚嚣尘上的革命风暴发生之前，荷兰人民就在1795年推翻了执政，又在1813年建立起类似于英国的君主立宪制度，让不同的政党掌管各级行政部门和议会，以达到制衡权力的目的。国家预算成了一项公共制度，每年都要进行公开讨论。参与讨论的人员都是全民选举出来的，他们讨论的结果也必须在报刊上发表。在这种意义上说，国王成了一个宪政国家里的世袭首脑。就国王个人而言，威廉二世以及1849年继位的威廉三世一定不会喜欢这样的制度。不过，静下心来想想，他们也会觉得，如果偏离了这条政治道路，他们本人和国家的安全就都得不到保障。有些人在政治变革中当选为政府部长，不论国王是否喜欢他们，都不会以个人的好恶来干涉宪法的实施，因为他们在登上王位之前，已经宣誓要遵守宪法。这一制度的推行带来了极大的成效，即使是具有社会主义倾向的政党或者其他对现状不满的政党得到了发展，荷兰也不会从君主立宪制转变成共和制，因为这些人在广大的民众面前是微不足道的。对广大民众而言，维持当前的政治体制在相当长的一段历史时期内不动摇是最为重要的，因为这会给国家带来安定祥和，避免国家陷入无尽的内乱中。

当我们写下这最后的文字时，再回首已是百年沧桑。100年前，法国人统治了荷兰，引来了无数的动荡。就在1813年，国土沦丧，日暮途穷，眼前之路觅何从？有的人感到挫败和受伤，除了关心他们的面包和黄油，别的什么都不关心。不过，这样的人如今早已消失殆尽。那些厌恶革故鼎新、创新发展的顽固分子也早已驾鹤西去，与他们的先人一道躺在教堂墓地里做着春秋大梦。

不过直到1870年我们才对荷兰王国的未来重拾信心。之后，在20世纪最初的12年里，这种信心又得以提振，我们重又唤起了个人的勇气，增强了民族自信心，时刻准备着去担负起民族复兴的伟大重任。低地国家也有志于迎头赶上。它们与周边的国家一起，利用优越的地理位置、众多的人口资源和商业的扩张来获得丰厚的利益。如果要实现民族复兴，这些条件缺一不可。在这时，各学科领域的研究成果足以与共和国的黄金时代相媲美。那些发达资本主义国家推行国家垄断资本主义，直接干涉立法，为了少数资本家的利益更残酷地压榨工人阶级的剩余价值，让他们辛劳一天却难得温饱，同时又迫切希望减轻这种不利影响。相比之下，我们国家的社会制度则有着很大的优越性。

有的人认为殖民地只不过是荷兰令人称羡的商业资本，不必对殖民地承担任何特殊义务。这种观点恐怕已经逐渐被一种现代观念所取代。其实，殖民地在未来的若干年中仍然应该由欧洲人来管理，直到当地人民开化到足以进行自治为止。最后，所有令人不悦和沮丧的念头，譬如"我们也曾是个强大的国家"；"我们也有过自己的时代，我家先前比你阔多了"之类"精神胜利法"都将一扫而光，取而代之的是一种民族自信心。我们只有很小的土地和微不足道的人口，却在人类文明的各领域中都做出了不俗的成就，现代荷兰民族在人类发展历史中的贡献必将千古流芳，彪炳青史。

1715年的荷兰人民希望建立一个繁荣昌盛、团结统一的强国。这个梦想不切实际，最终幻灭。荷兰王国首位国王过于迷信个人对国家的直接控制，这种不合时宜的做法必然使其统治垮台。不过最后，国家也终于走上了发展的正轨，使现代荷兰王国建立在一个良性循环的基础之上。

尼德兰联省共和国——一个利欲熏心、四分五裂的商业帝国垮台了。这个国家不再是一个由许多小的互不相关的、各自为政的自治州组成的松散邦联，而是一个强大的单一制国家。在历经了百年的上下求索和种种磨难之后，这个国家在欧洲大陆上重新崛起。它可以独立自由不受任何外来干涉，

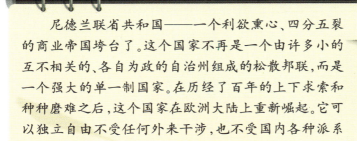

尼德兰联省共和国——一个利欲熏心、四分五裂的商业帝国垮台了。这个国家不再是一个由许多小的互不相关的、各自为政的自治州组成的松散邦联，而是一个强大的单一制国家。在历经了百年的上下求索和种种磨难之后，这个国家在欧洲大陆上重新崛起。它可以独立自由不受任何外来干涉，也不受国内各种派系斗争的影响。

房龙经典语录

也不受国内各种派系斗争的影响。人民不只是满足于每天的温饱生活，而是有着更为广阔的人生观，去追寻国家的繁荣和个人的幸福。人民自主选择了国家的发展道路，并将在威廉明娜王后陛下的英明领导之下不断奋勇前进，开创美好明天。

1914年圣诞于布鲁塞尔